Juan Ruiz de Alarcón

Mudarse por mejorarse

Barcelona **2024**
Linkgua-ediciones.com

Créditos

Título original: Mudarse por mejorarse.

© 2024, Red ediciones S.L.

e-mail: info@linkgua.com

Diseño de cubierta: Michel Mallard.

ISBN tapa dura: 978-84-9953-678-1.
ISBN rústica: 978-84-9816-309-4.
ISBN ebook: 978-84-9897-935-0.

Sumario

Brevísima presentación

La vida

Juan Ruiz de Alarcón y Mendoza (1581-1639). México.

Nació en México y vivió gran parte de su vida en España. Era hijo de Pedro Ruiz de Alarcón y Leonor de Mendoza, ambos con antepasados de la nobleza. Estudió abogacía en la Real y Pontificia Universidad de la Ciudad de México y a comienzos del siglo XVII viajó a España donde obtuvo el título de bachiller de cánones en la Universidad de Salamanca. Ejerció como abogado en Sevilla (1606) y regresó a México a terminar sus estudios de leyes en 1608.

En 1614 volvió otra vez a España y trabajó como relator del Consejo de Indias. Era deforme (jorobado de pecho y espalda) por lo que fue objeto de numerosas burlas de escritores contemporáneos como Francisco de Quevedo, que lo llamaba «corcovilla», Félix Lope de Vega y Pedro Calderón de la Barca.

Personajes

Clara, viuda
Don Félix, galán
Don García, galán
Doña Leonor, dama
Dos mozos de silla
El Marqués, galán
Figueroa, escudero
Mencía, criada
Otavio, galán
Redondo, gracioso
Ricardo, gracioso
Un Criado

Jornada primera

(Salen don García y don Félix.)

Félix	¿Llegó la sobrina en fin?
García	En fin llegó la sobrina, llegó una mujer divina, un humano serafín.
Félix	¿Mas que hay nuevos sentimientos?
García	Apenas, Félix, la vi, cuando posesión le di de todos mis pensamientos.
Félix	¿Y la tía? ¿Qué? ¿Hay mudanza?

García	Su justo castigo tiene.
	Quien el daño no previene,
	acuse su confianza.
	   De sí mismo esté quejoso,
	cuando vierta sangre herido,
	quien la espada inadvertido
	puso en manos del furioso.
	   Si ser amada procura
	Clara, si por mí se abrasa,
	¿para qué trajo a su casa
	tan soberana hermosura?
	   Si en la noche tenebrosa
	sola en el cielo Diana
	sus cabellos tiende ufana,
	parece su luz hermosa;
	   mas luego que resplandece

del Sol el claro arrebol,
entre los rayos del Sol
sepultada se oscurece.
  Antes de ver a Leonor,
confieso que de su tía
daba luz al alma mía
el divino resplandor;
  mas, Félix, después de vella,
Clara me ha de perdonar;
que era locura dejar
tanto Sol por una estrella.

Félix   ¿No es hermosa doña Clara?

García   ¿Nunca la vistes?

Félix   Jamás.

García   A no serlo Leonor más,
            el cetro sola gozará.

Félix   ¡Infamaremos después
            de mudables las mujeres!

García   El mudar los pareceres
            con causa, de sabios es.
              La mudanza es liviandad
            cuando, sin nuevo accidente,
            le da causa solamente
            la propia facilidad.

Félix   Y al fin, ¿en qué estado está
            el recién nacido amor?

García	Aun no le he dicho a Leonor
	el cuidado que me da;
	aunque si bastó el hablalla
	con las lenguas de los ojos,
	bien le dije mis enojos
	con el modo de miralla.
	Y si no es que me engañó
	la fuerza de mi deseo,
	según me miró, yo creo
	que mi cuidado entendió
Félix	Tarde remediar pòdréis
	ese fuego que os abrasa,
	puesto que dentro de casa
	el enemigo tenéis;
	que habiendo de estar al lado
	de doña Clara, Leonor,
	¿cuándo podrá vuestro amor
	dalle a entender su cuidado?
	Y ya que para decir
	vuestra pena halléis lugar,
	¿cómo la habéis de obligar?
	¿Cuándo la habéis de servir?
	¿No os ha de entender su tía
	la más oculta cautela,
	si enamorada recela,
	y si recelosa espía?
García	El ánimo no me quita
	la dificultad mayor;
	que un determinado amor
	imposibles facilita.
	¡Ojalá Leonor me quiera!
	Que si mi afición la obliga

la misma nuestra enemiga
ha de ser nuestra tercera;
   que si Clara con su amor
me da licencia de vella,
será el visitarla a ella
medio de ver a Leonor.
   Y es forzoso que suceda,
o por arte o por fortuna,
que de mil veces, alguna
a solas hablarla pueda.
   Y vos me habéis de ayudar
en una traza que intento.

Félix   Ley es vuestro pensamiento
que me obligo a ejecutar.

García   A Clara habéis de servir.

Félix   ¿Para qué fin?

García   De mi amor
con tan gran competidor
la pretendo divertir;
   que repartida y atenta
a diversas aficiones,
me dará más ocasiones
de hablar a quien me atormenta;
   que son ardides de Marte
divertir y enflaquecer
al contrarío, con hacer
darle guerra de otra parte.

Félix   Sutil imaginación;
mas poco importante agora,

12

porque si Clara os adora,
¿qué sirve mi pretensión?

García   Félix, cuando no mudéis
su pensamiento amoroso,
por lo menos, ¿no es forzoso
que a resistir la obliguéis?

Félix   Sí.

García   Pues mi intento consigo;
porque puesta entre los dos,
mientras riñere con vos,
dejará de hablar conmigo,
y yo entre tanto podré
hablar a mi prenda cara.
Demás de que viendo Clara
que me guardáis poca fe,
a trueco de que no advierta
yo a lo que los dos habláis,
mientras de amor la tratáis,
se holgará que me divierta,
hablando a doña Leonor.

Félix   Trocará un daño a otro daño.

García   Y para dar a este engaño
mayor fuerza y más valor,
fingiréis...

(Hablan en secreto. Sale Redondo y habla a don García.)

Redondo   Si la ocasión
nunca vuelve que se pasa,

señor, sola quede en casa
el dueño de tu afición;
que en este punto su tía
en su coche sola fue.

García   Félix, después os veré.

Félix   Yo os buscaré, don García.

(Vanse. Salen doña Leonor y Mencía.)

Leonor   Dime lo que te ha pasado
con el criado, Mencía.

Mencía   Memorias de don García
pienso que te dan cuidado.

Leonor   Si he de decirte verdad,
este cuidado que ves,
aún no determino si es
amor o curiosidad;
que es cuidado solo sé.
Di. ¿Qué te ha dicho, Mencía?

Mencía   De su dueño y de tu tía
toda la plática fue.
Contóme que su señor,
de tu tía enamorado...

Leonor   Detente; que mi cuidado
ya conozco que es amor.

Mencía   Pues ¿en qué?

Leonor	Apenas de ti
	escuché que de mi tía
	es amante don García,
	cuando en el alma sentí
	un envidioso dolor
	y una celosa fatiga.
	Y los celos son, amiga,
	humo del fuego de amor.

Mencía	De esa suerte, el desengaño
	será provechoso agora,
	porque al principio, señora,
	mejor se remedia el daño.

| Leonor | Prosigue pues. |

Mencía	Todo para,
	porque abrevie tu dolor,
	en que se tienen amor
	don García y doña Clara.

| Leonor | ¡Mal haya!... |

Mencía	Señora mía,
	¿es ésta tu condición?
	Tu indomable corazón,
	¿es el mismo que solía?

| Leonor | Déjame. |

Mencía	Todo se muda.
	En un punto te agradó,
	y otro en muchos años no.
	Más vale a quien Dios ayuda.

Mas, señora, don García.

(Salen don García y Redondo.)

García   La criada me entretén.

Redondo   ¡Ojalá estribe tu bien
                en deslumbrar a Mencía!

García   Si es cierto que el mal o el bien
                al rostro sale, señora,
                excusado será agora,
                cuando en vos mis ojos ven
                   tanta hermosura, pediros
                que de decirme os sirváis
                ¿Cómo en la corte os halláis?

Leonor   Buena estoy para serviros.
                   Mas, señor...

(Don García y doña Leonor hablan aparte.)

Redondo   Oye, Mencía.
                ¿Qué te parece Madrid?

Leonor   Perdonadme, y advertid
                que no está en casa mi tía.

García   Eso os debiera advertir
                la ocasión con que ha venido
                quien ha buscado advertido
                esta ocasión de venir.
                   No ha sido, señora, acaso;
                que a buscar viene mi amor

	remedio en vuestro favor del volcán en que me abraso.
Leonor (Aparte.)	(¡Qué desdicha! Con mi tía quiere que tercie por él.) Si doña Clara es cruel, yérralo por vida mía. Mas para seros tercera, ni soy vieja ni soy sabia.

García	La mayor belleza agravia
	quien no os ama por primera.
	   ¿Luego pudistes, Leonor,
	pensar de mi tal locura,
	que viendo vuestra hermosura,
	solicitase otro amor?
	   No, señora; no me dio
	sangre tan bárbaro pecho,
	ni el Sol, tan lejos del techo,
	en que yo nací, pasó.
	   Vuestro es el favor que pido.
	En vos vive mi cuidado,
	tan dulcemente abrasado,
	cuan justamente rendido;
	   que naturaleza os hizo...

Leonor	Tened; que os vais atreviendo. Y si tercera me ofendo, primera me escandalizo. ¿Por ventura, don García. es uso en Madrid corriente enamorar juntamente a la sobrina y la tía?

García	Al menos, si tan divina sobrina viene al lugar como vos, uso es dejar la tía por la sobrina.
Leonor	Mal uso.
García	No ha de llamarse malo, si es tal la ocasión.
Leonor	¿Cómo puede ser razón mudarse?
García	Por mejorarse.

Leonor	Pues la ley de la firmeza
	¿a qué obliga o cuándo alcanza,
	si hace justa la mudanza
	el mejorar la belleza?
	    Que ser firme, no es querer
	firme el más hermoso amor;
	que para amar lo mejor,
	¿qué firmeza es menester?
	    Firme es quien hace desprecio
	de otra ocasión más dichosa.

García	Confieso, Leonor hermosa, que ése es firme, pero es necio.
Leonor	¿Luego en quien fuere discreto no hay que poner confianza, si disculpa la mudanza el mejorar el sujeto?

García	Claro está.
Leonor	Pues siendo así, y que os tengo, don García, por cuerdo, y dejáis mi tía por mejoraros en mí, perdóneme vuestro amor; que a resistir me prevengo, hasta que sepa si tengo otra sobrina mejor.

(Vanse Leonor y Mencía.)

García	¿Cómo puede otra belleza a la que adoro exceder si en la vuestra su poder excedió naturaleza? Decid que es mi desventura y no temer mi mudanza; que siempre la confianza es mayor que la hermosura.
Redondo	¿A solas estás hablando? Mal te ha tratado Leonor, porque el picado, señor, siempre queda barajando.
García	No sé si perdí o gané; solo sé que en su agudeza, también como en su belleza, prisiones del alma hallé; que es por un mismo nivel bella y sabia.

Redondo	¡Linda cosa!
	Porque si es boba la hermosa,
	Es de teñido papel
	una bien formada flor,
	que de lejos vista agrada,
	y cerca no vale nada
	porque le falta el olor.

(Vanse. Salen el Marqués, Otavio y un Criado.)

Marqués	¿Es posible? ¿Vos, Otavio,
	en Madrid sin avisarme?
	o sé cómo podréis darme
	satisfacción de este agravio.
Otavio	Prometo a vueseñoría,
	señor Marqués, que he venido
	tan intratable, que ha sido
	no avisarle, cortesía.
Marqués	¿Tenéis algunos disgustos?
Otavio	Y tales, que la pasión
	me enloquece.
Marqués	Agora son
	mis sentimientos más justos.
	Penas, Otavio, pasáis,
	¡y no las partís conmigo!
	O vos no sois ya mi amigo,
	o que yo lo soy dudáis.
Otavio	¿Qué me faltaba, a poder
	aliviar mis penas vos?

¿Hemos de partir los dos
el rigor de una mujer?

Marqués Pensé que vuestro cuidado
causaban cosas de honor.
¿En Madrid os tiene amor
tan triste y desesperado?
  ¿Qué bien se ve que venís
al uso de Andalucía,
donde viven todavía
las finezas de Amadís!
  Acá se ha visto mejor;
más aprovecho se quiere;
no solo nadie no muere,
pero ni enferma de amor.
  Aquí las fuentes hermosas
vierten licor, que bebido,
es el agua del olvido
contra fiebres amorosas;
  y como hallan los dolientes
de amor tan gran mejoría
en ellas, va cada día
Madrid haciendo más fuentes.
  No, Otavio, no quiera Dios
que siendo un amigo vuestro
en esta ciencia maestro,
estéis ignorante vos.
  Haz, Leonardo, aderezar
aposento para Otavio.

Otavio Señor...

Marqués El mayor agravio
que me hacéis es replicar.

Otavio	Besaros quiero los pies.
Marqués	No penséis que me he olvidado,
	por años que hayan pasado
	y varios casos después,
	de que en Sevilla los dos
	fuimos un alma y un ser.
	Demás de esto, quiero ver
	si puedo, Otavio, con vos
	que os divertáis, con traeros
	a mi lado entretenido;
	que alguna vez han podido
	más que amor los consejeros.
Otavio	Según serviros deseo,
	no lo dudo. Mas ¿quién es
	esta señora, Marqués,
	que sale de Atocha?
Marqués	Creo
	que es doña Clara de Luna.
	Sí.
Otavio	¡Buen talle y buena cara!
Marqués	Pues puede hacer doña Clara
	dichosa cualquier fortuna;
	que, además de lo que veis
	de hermosura y gallardía,
	es rica y parienta mía.
Otavio	Con eso la encarecéis.

Marqués	¿Estáis soltero?
Otavio	Señor, libre hasta agora viví, si puede decirlo así quien vive esclavo de amor.
Marqués	Pues advertid lo que os quiero. Mirad bien a mi parienta; que si la viuda os contenta, yo seré el casamentero.

(Sale doña Clara, en hábito de viuda, con manto; acompáñala Figueroa, y síguela don Félix.)

Félix	¿Saber quién sois no merece quien sin saberlo, señora, lo que en vos conoce adora, y por lo que ve padece?
Clara	¡Tanto amor tan brevemente!

Félix	Brevedad o dilación,
	señora, accidentes son
	según es la causa agente.
	  Con sus templados ardores
	¿hace el Sol en un instante
	lo que Júpiter Tonante
	con sus rayos vengadores?
	  ¿Acaba tan brevemente
	su largo curso la nave
	llevada de aura suave
	como de cierzo valiente?
	  Del cielo precipitada,

¿llega en término tan breve
al suelo una pluma breve
como una piedra pesada?
    Pues si entre humanos sujetos
sois vos milagro, mi bien,
¿por qué no han de ser también
milagros vuestros efetos?

Clara   ¿Que en fin es cierto, señor,
tanto amor?

Félix   No es más verdad
tener el Sol claridad,
que ser inmenso mi amor.

Clara   Según eso, ¿por mí haréis,
caballero, lo que os pida?

Félix   Aunque me pidáis la vida.

Clara   Pues yo os pido que os quedéis.

(Vase con Figueroa.)

Félix   Cogióme. ¿Qué puedo hacer?
Inhumana ley me ha puesto.
Seguiréla; que es en esto
Fineza no obedecer.

(Vase.)

Marqués   ¿Qué decís?

Otavio   De cerca mata,

Marqués, si de lejos hiere.
Olvidaré, si pudiere,
con su hermosura, a mi ingrata.

Marqués   Siendo así, yo quiero ser
de estas bodas el tercero.

Otavio   Visitémosla primero,
si os parece, para ver
    de las cosas el estado,
porque el fin no me avergüence;
que el que acomete y no vence
queda feo y desairado.

Marqués   Bien decís. Quiero serviros.
Conmigo a su casa iréis;
que cuando no os concertéis,
servirá de divertiros.

(Vanse. Salen doña Leonor y Mencía.)

Mencía   Si él mismo vino a rogarte,
cuando es tu mal tan cruel
que tú has de buscarlo a él
en dejando él de buscarte,
    ¿para qué es la dilación?
¿De qué sirve resistir
a lo antiguo, sino asir
del copete la Ocasión?

Leonor   Pues dime tú. ¿Hay diferencia
de rogar una mujer
con su favor, a no hacer
al que ruega resistencia?

La que su favor no niega
al primer atrevimiento,
muestra su liviano intento
tan bien como la que ruega.
    Y más cuando no ignorar
que ha tanto que don García
trata amores con mi tía,
más me obliga a recatar.

(Salen doña Clara y Figueroa.)

Clara   ¿Al fin me perdió?

Figueroa   De suerte,
cuando en San Felipe entraste,
en la gente te ocultaste,
que fue forzoso perderte.
    Volvió a buscar el cochero;
mas poco remedio halló;
que también se le escapó.

Clara   Líbreme de un majadero.

(Vase Figueroa.)

Mencía   Doña Clara.

Clara   Mi Leonor,
¿Cómo te sientes? ¿Estás
descansada ya? ¿Querrás
ver hoy la Calle Mayor?

Leonor   Cuando quieras; que el viaje
solo me pudo cansar

lo que tardaba en llegar
a tan dichoso hospedaje.
    Hoy veré la maravilla
que celebras por otava.

Clara   Hoy en tu memoria acaba
                 la Alameda de Sevilla.

Leonor   ¡Calle Mayor; ¿Tan grande es
                 que iguala a su nombre y fama?

Clara   Diréte por qué se llama
                 la Calle Mayor.

Leonor   Di pues.

Clara   Filipo es el rey mayor,
                 Madrid su corte, y en ella
                 la mayor y la más bella
                 calle, la Calle Mayor.
                    Luego ha sido justa ley
                 la Calle Mayor llamar
                 a la mayor del lugar
                 que aposenta al mayor Rey.

Leonor   Bien probaste tu intención.

(Sale Redondo.)

Redondo   Ya que a tal tiempo llegué,
                 con tu licencia diré
                 también mi interpretación.

Clara   Dila.

Redondo   La Calle Mayor
                pienso que se ha de llamar,
                porque en ella ha de callar
                del más pequeño al mayor;
                   porque hay arpías rapantes,
                que apenas un hombre ha hablado,
                cuando ya lo han condenado
                a tocas, cintas y guantes;
                   Y un texto antiguo se halla
                que dijo por esta calle:
                «Calle en que es bien que se calle;
                que no medra quien no calla.»

Clara   ¡Buen disparate!

Redondo   Por tal
                lo he dicho yo. No lo ignoro,
                ni quiero pasar por oro
                lo que es humilde metal.
                   Mas tu lenguaje condeno,
                y es justo que se retrate,
                porque si fue disparate,
                ¿cómo lo llamaste bueno?
                   La mayor dicha consigo
                que algún quejoso ha alcanzado,
                pues llego a ver celebrado
                el disparate que digo.
                   Desdichados y dichosos,
                no los hace merecer,
                pues hemos venido a ver
                disparates venturosos.
                   Oye el ejemplo que pinto.
                Comedia vi yo, llamada

28

de los sabios extremada
y rendir la vida al quinto;
   y vi en otra, que a millares
los disparates tenía,
reñir al quinceno día
con Jarava por lugares;
   y sus parciales, vencidos
de la fuerza de razón,
decir: «Disparates son;
pero son entretenidos».
   Representante afamado
has visto por solo errar
una sílaba, quedar
a silbos mosqueteado;
   y luego acudir verías
esta cuaresma pasada
contenta y alborotada
al corral cuarenta días
   Toda la corte, y estar
muy quedos papando muecas,
viendo bailar dos muñecas
y oyendo un viejo graznar,
   y esto tuvo tal hechizo
de ventura, que dio fin
el cuitado volatín,
que en vano milagros hizo.
   Y así el más cuerdo no trate
por merecer, de alcanzar,
pues nombre le ha visto dar
de bueno a mi disparate.
   No lo dije por sutil;
mas porque gloria me dieses,
cuando a la risa rompieses
las prisiones de marfil;

	que ésta es la paga mayor
	que quiero, por avisarte
	de que viene a visitarte
	don García, mi señor.

| Clara | ¿De cuándo acá me envió |
| | a prevenir don García? |

Redondo	No envió, señora mía;
	mas llegué delante yo,
	porque esta nueva te diese;
	que pues que yo siempre voy
	delante de él, quise que hoy
	de este provecho me fuese.

(Salen don García y don Félix. Hablan los dos aparte.)

| García | Está el engaño mejor |
| | en fingir que me engañáis. |

| Félix | Difícil cargo me dais. |

| García | ¿Y cuál es? |

Félix	Fingir amor.
(Aparte.)	(Mas ¿no es ésta por quien muero?
	¡Vive Dios que me ha traído
	a ser amante fingido
	de quien lo soy verdadero!)

Clara (Aparte.)	(Este necio ¿qué porfía?
	¿Tan poco me ha aprovechado
	el haberme hoy escapado
	de sus ojos?)

García	Clara mía...
Félix (Aparte.)	(Mía dijo.)

García	No extrañéis
	que no me recate aquí;
	que la mitad es de mí
	el caballero que veis.
	   Don Félix, mi caro amigo
	—que así con razón le llamo—
	ha sido desde que os amo,
	de mis secretos testigo;
	   y una precisa ocasión,
	que él mismo os dirá, señora,
	es causa de hacer agora
	lo que siempre fue razón.
	   Escuchalde, y estimad
	los intentos que sabréis;
	que para que lo estiméis
	es lo menos mi amistad;
	   Porque en diciendo quién es,
	no ha menester su opinión
	otra recomendación.

Félix	Nada me queda, después de decir que vuestro soy, con que pueda honrarme más.
Clara	Por las nuevas que me das, Mil gracias, señor, te doy; que es gran dicha una amistad de un tan noble caballero.
(Aparte.)	(Con esto obligarle quiero

a que le guarde lealtad.)

García

En secreto pues le oíd,
mientras yo, Clara divina,
pregunto a vuestra sobrina
cómo se halla en Madrid.

Clara

No me privéis de la gloria
de que vos presente estéis.

García

Del mismo caso veréis
que así conviene a la historia.

Clara
(A los criados.)

Si él es engaño, es discreto.
Dejadnos solos.

Redondo

Mencía,
Redondo te desafía
para el corredor.

Mencía

Aceto.

(Vanse Redondo y Mencía. Quedan don García, hablando con Leonor; y Félix con doña Clara.)

García

Escuchad lo que ha sabido
Amor trazar y fingir.

Félix

Hasta el fin me habéis de oír;
solo esta merced os pido.

La casa de los Manriques,
tan principal como antigua,
me dio el nombre que me ilustra

y la sangre que me anima.
Tres mil ducados de renta
en juros de buena finca,
si no me dan altas pompas,
me dan descansada vida.
Hoy don García de Lara,
mi amigo, me dio noticia
de las soberanas partes
de vuestra hermosa sobrina.
Pedíle, pues que con vos
él tan justamente priva,
me trajese a visitarla,
y de tercero me sirva
para que en dulce himeneo
gozándola yo, de envidia,
si a las damas su hermosura,
a los galanes mi dicha.
Con vos me ha dejado solo
para que esto solo os diga;
y él se ha apartado a decir
lo mismo a vuestra sobrina.
Mas advertid, Clara hermosa,
a lo que el amor obliga.
Todo este intento es engaño,
y este deseo mentira.
La verdad es... ¡Ay, señora!
no os enojéis que os diga
que vos sois el blanco solo
adonde mis ojos miran;
que aunque os escondistes hoy,
vuestras partes peregrinas,
como sus rayos al Sol,
os descubren y publican.
Y así he trazado por veros

cómo el mismo don García,
sin entender sus ofensas,
encaminase mis dichas.

Clara   Callad.

Félix   Señora...

Clara   Callad.
¿Vois sois Manrique? Es mentira;
que no cometen bajezas
los que tienen sangre altiva.
¿A mí me tenéis amor,
y amistad a don García?
¡Qué traidor!

Félix   ¡Qué enamorado!

Clara   ¡Qué locura!

Félix   ¡Qué desdicha!

Clara   Mudad, Félix, pensamiento
de tan injusta conquista.
Pase esta vez por locura
vuestra intención atrevida.
Y para disimularla...
(Dale un papel.)   las partes de mi sobrina
contiene ese memorial.
Pasad por ellas la vista;
porque yo, mientras leéis,
me sosiegue, y las mejillas
cobren la color que tienen
con el enojo perdida.

Y vos, por ventura hagáis
cierta la intención fingida;
que si os agrada, os prometo
seros tercera en albricias.

(Lee don Félix el papel.)

Leonor   ¿Qué decís?

García   Esto es verdad.
                solo para divertirla
                de mi amor, hago a don Félix
                que la enamore y le diga
                que para engañarme a mí
                me finge que solicita
                ser tu esposo, y me ha pedido
                que de intercesor le sirva.
                Tanto puede tu hermosura,
                tanto mi amor imagina,
                por poder hablarte a solas
                sin que sus celos lo impidan.

Clara (Aparte.) (¡Bueno es esto! ¡Con qué veras,
                con qué entrañas tan sencillas
                está por quien más le ofende,
                terciando con mi sobrina!)

García   ¡Qué ingrata sois! ¿No merece
                un favor tan firme amor?

Leonor   Luego, ¿quien no da favor,
                es cierto que no agradece?

García   ¿No es claro?

Leonor	No; que es indicio
	de amar el favorecer,
	y se puede agradecer
	sin amar, el beneficio.
	Yo agradezco vuestro amor.
	Obligáisme, no lo niego;
	mas al agua pedís fuego,
	si a mí me pedís favor.
García	¿Ni esperanza?
Leonor	La esperanza
	no os la puedo yo quitar.
García	No; mas podéismela dar.
Leonor	El que no espera no alcanza.
	No os la doy; mas ¿qué perdéis
	en tenerla?
García	Mucho gano.
	Mas ya, dueño soberano,
	que ni esperanza me deis,
	solo una cosa, Leonor,
	os pido que por mí hagáis,
	y porque la prometáis,
	advierto que no es favor.
Leonor	Pues con esa condición,
	hablad.
García	Temiendo, señora,
	que no siempre como agora

de hablaros tendré ocasión;
   y más si da en sospechar
Clara mi nuevo dolor
—que éste es discreto temor,
pues no sabe amor callar—
   quiero asentar, Leonor bella,
una seña entre los dos,
para entenderme con vos,
hablando siempre con ella.

Leonor   ¿Y eso es no pedir favor?

García   Esto es pediros un medio,
ya que no me dais remedio
para aliviar mi dolor.

Leonor   Pues decidme, don García,
¿qué más favor que escuchar?

García   Favor, señora, es amar;
y escuchar es cortesía.
   El nombre de ingrata os doy,
si esta merced me negáis.

Leonor   Ahora, porque no digáis
que en todo tirana soy,
   va de seña, don García.

García   Cuando hablare sin sombrero
es que a ti decirte quiero
lo que le digo a tu tía.
   y cubierto, hablo con ella.
Y porque tú, sí gustares,
me respondas; lo que hablares

cubriendo esa boca bella
  con guante, abanico o toca,
por ella decirlo quieres;
y por ti lo que dijeres
sin poner nada en la boca.

Leonor	Ya te entiendo. Descubrirte
	es señal que hablas conmigo;
	y cuando lo que yo digo
	por mí, quisiere decirte,
	descubrir la boca yo.

García	Sola esta regla llevamos.
	Descubiertos nos hablamos
	los dos, y cubiertos no.

Clara	¿Qué os parece?

Félix	Que enamora
	la relación.

Clara	Emplead
	en ella la voluntad.

Félix	Lo dicho dicho, señora.

Clara	No me toquéis más en eso.
	Don García...

García	Clara hermosa...

Clara	Basta ya; que estar celosa
	de mi sobrina os confieso.

García	Bien pudiera la hermosura
	daros celos de Leonor,
	si ya la vuestra y mi amor
	no os tuvieran tan segura.
	Mi tardanza no os espante;
	que no pude en tiempo breve
	batir con balas de nieve
	un castillo de diamante.
Clara	Pues con tan justa demanda,
	Leonor ¿su gusto no mide?
García	Resiste aunque no despide,
	y escucha aunque no se ablanda;
	mas con el tiempo, y con ver
	que es firme y es verdadero
	quien la pretende, yo espero
	que mudará parecer.
Félix	Y más si interviene en ello
	quien merece lo que vos.
García	Yo moriré, vive Dios,
	Félix, o saldré con ello.
Clara	Esta sí que es amistad.
Leonor (Aparte.)	(Bien con su intento conviene.)
(Sale Figueroa.)	
Figueroa	El Marqués tu primo viene
	A visitarte.

39

Clara	Crueldad
	es tener obligaciones,
	que han de interrumpir los gustos.
García (Aparte.)	(¡Qué presto, celos injustos,
	dais a mí amor turbaciones!)
	La visita recibid;
	que yo...
Clara	No os vais, don García.
García	No estorbar es cortesía
	al Marqués; mas advertid
	a estas palabras que os digo
(Quítase el sombrero.)	descubierta la cabeza,
	humilde a vuestra belleza.
Leonor (Aparte.)	(Aquesto es hablar conmigo.)
García	Para que la mano os dé,
	falta solo que queráis;
	si de pagarme dejáis
	por poner duda en mi fe,
	ya cesa con lo que os digo.
	no os pongan inconvenientes,
	dueño hermoso, los parientes,
	si habéis de vivir conmigo.
Clara	El ser yo vuestra, García,
	¿cuándo ha quedado por mí?
	¿De qué nace hablarme así?

(Poniéndose el abanico en la boca.)

Leonor	Yo sé muy bien que mi tía solo ser vuestra concierta.
García	¿Rebozada lo decís? ¿Mas que no lo repetís con la cara descubierta?
Leonor (Aparte.)	(Ya se abrasa el alma mía.)

(Quítase el abanico de la boca.)

	Pues si en eso se repara, también sin cubrir la cara digo que os paga mi tía.
García (Aparte.)	Eso sí. (Ya en mi favor se ha declarado.)
Figueroa	El Marqués entra.
García	Adiós.

(Vase.)

Clara	Vedme después, y os satisfaré, señor.
Félix	Clara, adiós; y a mi cuidado os mostrad menos cruel.

(Vase.)

Clara	Vos os mostrad más fiel,

y menos enamorado.

(Vase Figueroa. Salen el Marqués y Otavio.)

Marqués   Hermosa Clara...

Clara   ¿Esos pies
honran mi casa? ¿Qué es esto?
Toquen a milagro presto;
que vino a verme el Marqués.

Marqués   Que toquen podéis hacer
a milagro cuando os veo;
que quien llega a veros, creo
que un milagro llega a ver.

Clara   ¿Lisonjas? Ved que me agravio.

Marqués   Verdades que merecéis
os digo, y vos lo sabéis;
pero conoced a Otavio,
   mi huésped, a parienta mía,
que mi estrecho amigo fue
desde que niño pisé
los campos de Andalucía.

Otavio   Un esclavo vuestro soy.

Clara   Yo veré que me estimáis,
Otavio, sí me mandáis.

Marqués   Absorto mirando estoy
   este serafín humano.
¿Quién es mujer tan divina?

Clara	Doña Leonor, mí sobrina,
	hija de don Juan, mi hermano,
	que murió en Sevilla, y soy
	su albacea, y curadora
	de su hacienda.
Marqués	A vos, señora,
	el justo pésame doy
	de su muerte; mas al cielo
	mil gracias hago por ella,
	pues por ella, Leonor bella,
	os ve el cortesano suelo.
	Mi deuda sois. Bien podéis
	darme segura los brazos.

(Abrázale.)

Leonor	Vuestra soy.
Marqués	¡Qué dulces lazos!
Otavio	Si por deudo merecéis
	alcanzarlos, yo los pido
	también como vos, Marqués,
	pues ser de una patria es
	por parentesco tenido.
	Vos seáis muy bien venida.
Leonor	Para serviros.
Marqués (Aparte.)	(¡Qué honesta!
	¡Qué hermosa, grave y compuesta!
	A Venus miro vencida,

miro a la naturaleza
ufana de conocer
su no igualado poder
en tan desigual belleza.)

Clara   Divertido se ha el Marqués.

Leonor (Aparte.)   (Mucho me mira.)

Otavio   Es exceso,
porque ni es señor en eso,
ni suele ser descortés.

Leonor (Aparte.)   (Algún pensamiento ha sido
quien le arrebata.)

Clara   ¿Es enfado,
señor Marqués, o cuidado,
el que os tiene divertido?
    Ved que corriéndome voy
de que nos tratéis así.

Marqués   ¿Que me he divertido?

Clara   Sí.

Marqués (Aparte.)   (Pues enamorado estoy.)
    Perdonadme; que un cuidado
me asaltó con tal violencia,
que sin hallar resistencia,
toda el alma me ha ocupado.
    Mas, señora, yo os prometo,
si declararos pudiera
la causa, que os pareciera

44

pequeño el mayor efeto.

Clara   ¿Son de amor tales enojos?

(Doña Clara habla aparte al Marqués.)

                         Que miráis mucho a Leonor.

Leonor (Aparte.)   (Amor me tiene, si Amor
                         hace lenguas de los ojos.)

Marqués   No es el Amor quien causó
                         tales efectos en mí;
                         negocios del honor sí.

Leonor (Aparte.)   (Mi sospecha me engañó.)

(Hablan aparte don Otavio y el Marqués.)

Otavio   Decid, Marqués, vuestras penas,
                         y ved si son de provecho
                         el corazón de mi pecho
                         y la sangre de mis venas.
                           ¿Cuidado tenéis de honor
                         sin decírmelo?

Marqués   ¡Ay Otavio!
                         Con arte disfraza el labio
                         los sentimientos de amor.
                           Leonor es quien me da enojos;
                         y temiendo que su tía
                         si entiende la pena mía
                         me la quite de los ojos,
                           y porque ignoro el estado

	de las cosas, lo negué.
Otavio	Esa prevención más fue
	de cuerdo que enamorado.
Marqués	Despediréme, sin dar
	indicios de mi afición,
	hasta mejor ocasión.
Clara	¿Quién pudiera remediar,
	Marqués, vuestro sentimiento?
Marqués	Imaginación tan fiera
	los pensamientos altera
	y turba el entendimiento;
	que he de partirme al instante,
	librando para otro día
	un negocio que venía
	a trataros, importante.
Clara	Siempre vos tratáis de honrarme.
Marqués	Vos seáis, bella Leonor,
	muy bien venida.
Leonor	Señor,
	a serviros.
Marqués	A mandarme,
	pues voy sin alma.
Otavio	¿Sois vos
	quien del amor se reía?

Marqués	¡Ay Otavio! No creía hasta agora que era dios.

(Vanse.)

Fin de la primera jornada

Jornada segunda

(Salen el Marqués y Otavio.)

Marqués   ¿Cómo os va de sentimientos?

Otavio   El Sol vuestra compañía
                   por quien la noche sombría
                   huye de mis pensamientos.

Marqués   ¿Haos venido a la memoria
                   esta noche doña Clara?

Otavio   Es a la luz de su cara
                   nube mi pasada historia.
                      Y así me siento en estado,
                   que me alegrará el favor
                   de Clara; mas el rigor
                   no me dará gran cuidado.

Marqués   ¡Qué dicha!

Otavio   ¿Envidiaisme?

Marqués   Sí;
                   que tanto llego a penar,
                   que a todos puedo envidiar,
                   si todos la causa a mí;
                      que este mi nuevo cuidado
                   me trata con tal rigor,
                   que en una noche de amor
                   siglos de infierno he pasado.
                      Encontrados pareceres
                   han dado a mis pensamientos

esperanza en los tormentos,
y, temor en los placeres.
   ¡Ay, más que el Sol, ojos claros!
¡Si a lo que miro y adoro
igualase lo que ignoro!

Otavio
                    Lo que puedo aseguraros
   es que la virtud jamás
vio su igual Andalucía.

Marqués
                    Pues con eso será mía.
Yo, Otavio no quiero más,
   pues me iguala en calidad.

Otavio
                    Pues ¿casareisos con ella?

Marqués
                    Y ¡ojalá que Leonor bella
pague así mi voluntad!

Otavio
                        ¿Es pobre?

Marqués
                                  ¡Al cielo pluguiera
que lo fuese con exceso,
para que mi amor con eso
más esperanza tuviera!
   En mis estados poseo
de renta, desempeñados,
más de veinte mil ducados.
Pues con esto, a mi deseo,
   ¿qué cosa darle pudiera
el cielo, que más me cuadre,
que a mis hijos noble madre,
y a mí dulce compañera?

Otavio	Pues si casaros queréis,
	pedilda; que al punto creo
	que logréis vuestro deseo,
	pues venturosa la hacéis.
Marqués	¡Qué poco sabéis de amor!
	¿Vos sois el que, enamorado,
	decís que habéis conquistado
	tantos años un favor?
	Quien por el contrato empieza,
	se priva, Otavio, del bien
	de contrastar un desdén,
	de vencer una esquiveza.
	Como en la taza penada
	crece el gusto a la bebida,
	es la gloria más crecida
	cuanto fue más deseada.
	El jugador, cuando aspira
	a ver la carta, ¿no halla
	más gusto en brujulealla
	que si de priesa la mira?
	El cazador ¿no pudiera,
	a costa de precio breve,
	alcanzar la garza leve,
	coger la liebre ligera;
	Y con el perro y halcón
	se fatiga por más gloria,
	estimando la victoria
	en más que la posesión?
	Pues dejadme conquistar
	por amor la hermosa fíera,
	que casándome pudiera
	tan fácilmente alcanzar.
	Dejad que, aunque esté en mi mano

el remediar mis enojos,
en las cartas de sus ojos
brujulee el bien que gano.
	Dejadme que solenice
el amor que en ella nace,
los favores que me hace,
los requiebros que me dice;
	que la posesión, pensad
que no es la gloria mayor;
que el amor conquista amor,
la voluntad, voluntad.
	Demás de que no es razón
que, aunque esté determinado,
muestre en caso tan pesado
liviana resolución.
	Ni debo tan satisfecho
pensar que querrá Leonor.
¿Qué sé yo sí ajeno amor
ocupa su hermoso pecho?
	Y si fío en mi grandeza,
como a mí, ¿no puede ser
que a otro de igual poder
haya preso su belleza?
	Y al fin antes de intentar
empresas tan peligrosas,
tomar el pulso a las cosas
es no quererlas errar.

Otavio	No os puedo negar que es ésa,
Marqués, cordura mayor;
mas yo no pensé que amor
os daba tan poca priesa.

Marqués	Otavio, no lo entendéis.

Esta cordura es locura,
y porque amor me apresura,
voy con el tiento que veis;
   que cuanto más la jornada
quiere el que parte abreviar,
tanto más se ha de informar
del camino en la posada;
   que es muy necio desatiento,
con peligro de perderse
partir, por no detenerse
a preguntar un momento.

Otavio   ¿Qué es esto? ¿Entramos a vella?

Marqués   A Clara he de visitar,
con ocasión de tratar
vuestros intentos con ella,
   hasta poder de los míos
dar cuenta a doña Leonor.

Otavio   Padre es de industrias Amor.

Marqués   Y también de desvaríos.

Otavio   En el corredor está
sola Leonor.

Marqués   ¡Qué ventura!

Otavio   Yo me voy. La coyuntura
gozad, que Fortuna os da;
   que a solas vuestros amores
más bien podrán alcanzar,
porque suelen estorbar

los testigos los favores.

Marqués (Aparte.)   Sois discreto. (Ayuda, Amor,
los intentos que me has dado.)

(Vase don Otavio. Sale doña Leonor, hablando con algún criado que está dentro.)

Leonor   ¿Sin avisar ha llegado
el Marqués al corredor?

Marqués   Yo tuve, señora mía,
la culpa.

Leonor   Pues perdonad,
señor, y licencia dad
para que avise a mi tía.

Marqués   Dame tú, Leonor, licencia
para poderte negar
la licencia de privar
mis ojos de tu presencia;
y más cuando en la paciencia
no cabe tanta pasión,
porque viendo la ocasión
de decirte mi tormento,
revienta ya el sentimiento
la presa del corazón.
No quiero decirte aquí
mi mucho amor, ángel bello,
pues basta para sabello
solo saber que te vi;
no decirte que ya en ti
fundo todos mis intentos,

54

mis glorias y mis tormentos,
pues sabes tú estas verdades;
que no ignoran las deidades
los humanos pensamientos.
　　No quiero, señora mía,
pedir que paga me des;
que es bajeza el interés,
la esperanza grosería;
solo merecer querría
licencia para quererte;
porque estimo de tal suerte
tus altas prendas, Leonor,
que se contenta mi amor
no más de con no ofenderte.

Leonor　　　　　　　Señor Marqués, solo puedo,
a lo que oyéndoos estoy,
responderos que yo soy
doña Leonor de Toledo;
porque ya que no os concedo
la licencia para amar,
deciros quién soy, es dar
a vuestro amor a entender,
a qué se puede extender
la que vos podéis tomar.

Marqués　　　　　　Ese oráculo explicad;
que sus misterios ignoro.
¿He excedido yo el decoro
que debo a vuestra deidad?
¿Por qué alegáis calidad
a quien amor os alega,
cuando no solo no os niega
mi fe culto verdadero,

                        mas tanto más os venero
                        cuanto más amor me ciega?

Leonor   Quien ostenta calidad
                        a quien le trata de amor,
                        al amor opone honor,
                        y al deseo honestidad.
                        Con esto licencia dad
                        para avisar a mi tía.

Marqués   Esperad, señora mía.
                        ¿Cómo es posible que siendo
                        vos el fuego en que me enciendo,
                        quien me abrasa esté tan fría?

(Sale doña Clara.)

Clara   ¿Qué es esto?

Leonor (Aparte.)   (¡Ay triste!)

Clara   Leonor,
                        recógete a tu aposento.

(Vase Leonor.)

Marqués   Parienta...

Clara   En el alma siento
                        que me lo llaméis, señor;
                        porque estuviera mejor
                        este agravio disculpado,
                        si hubiérades ignorado
                        mi calidad; pero ya

¿qué disculpa me dará
quien saberla ha confesado?
    Si parienta me llamáis,
¿cómo el obrar no lo muestra?
Cómo, si soy sangre vuestra,
mi deshonor procuráis?
¿Mi sobrina requebráis,
cuyo honor está a mi cuenta,
a excusas mías? Mi afrenta
bien claro de esto se arguye;
que de testigos no huye
quien justos hechos intenta.

Marqués   Ello está muy bien reñido;
mas fuera bien haber dado,
como un oído al pecado,
a la disculpa otro oído.
¿Qué tanto delito ha sido,
hallando sola a Leonor,
solicitarla de amor,
si estando a solas, sospecho
que fuera el no haberlo hecho
cortedad y disfavor?

Clara   En vano aplicar queréis
a la ocasión el suceso,
cuando contra vos en eso
tantos indicios tenéis;
si no es que ya os olvidéis
de que ayer, testigo yo,
Leonor os arrebató
el alma toda en despojos;
que confesaron los ojos
lo que la lengua negó.

Y así, Marqués, perdonad.
Y pues a mi casa a honrarme
no venís, el visitarme
de aquí adelante excusad.
Y si vuestra voluntad
violentare el ciego dios,
solo os quiero, entre los dos,
por despedida avisar
que Leonor se ha de casar,
y es tan buena como vos.

(Vase.)

Marqués
«¡Que Leonor se ha de casar,
y es tan buena como vos!»
Por una senda las dos
corren a un mismo lugar;
que el ídolo en cuyo altar
ardiente víctima quedo,
dijo también: «Solo puedo
a lo que oyendo os estoy,
responderos que yo soy
doña Leonor de Toledo».
    Ambas con un mismo intento
claro me dan a entender
que solo puedo tener
remedio en el casamiento.
No cupo en mi pensamiento,
Leonor, otro fin jamás;
que si porque pobre estás,
y yo rico, no lo esperas,
¡ojalá más pobre fueras
para que yo hiciera más!

(Sale Otavio.)

Otavio   ¿Salió en favor la sentencia,
Marqués?

Marqués   ¡Ay, amigo Otavio!
Gusto saco del agravio,
favor de la resistencia.

Otavio   Enigmas son.

Marqués   Con prudencia,
modestia y severidad,
oyendo mi voluntad,
solo la hermosa Leonor,
negándome otro favor,
me acordó su calidad.
    Pues esto, Otavio, si creo
a la esperanza, ¿no es
decir que aunque soy Marqués,
es su mano igual empleo?
Y esto ¿no es lo que deseo?

Otavio   Pues ¿qué falta?

Marqués   Solamente
con recato diligente
examinar su opinión;
que es bajeza y no afición
pasar este inconveniente.
    Argos seré de su vida,
sombra de su cuerpo hermoso.
En caso tan peligroso
recuerde el alma dormida.

O se muestre o se despida
de su calle el Sol dorado,
la rondará mi cuidado;
porque el noble, si es prudente,
es celoso pretendiente
y cuidadoso casado.

(Vanse. Salen don García y don Félix.)

García   Con esta resolución
                          va el papel.

Félix   Bien habéis hecho;
                          que no puede hacer provecho
                          en esto la dilación,
                             pues en llegando a entender
                          vuestro engaño doña Clara,
                          ver más a Leonor la cara
                          imposible os ha de ser.

García   Por eso quiero abreviar,
                          Félix; que tener intento
                          acabado el casamiento
                          cuando empiece a sospechar.

Félix (Aparte.)   (El medio de dos extremos
                          en eso solo consiste.)

(Sale Redondo, con un papel.)

García   Pues, Redondo, ¿vienes triste?
                          ¿Qué tenemos?

Redondo   No tenemos.

García	¿Es respuesta?

Redondo	Bien pudiera
	responder lo que un criado
	a quien su dueño a un recado
	mandó que a caballo fuera,
	    y el señor, tras esperallo
	lo bastante, preguntó:
	«¿Vienes? ¡hola!» Y respondió:
	«No hallo el freno del caballo.»
	    Mas agora es bien que huya
	la pieza del gracejar,
	porque no se ha de mezclar
	con el réquiem la aleluya.

García	Di pues.

Redondo	Yo estaba en espía
	para dar éste a Leonor...
	—¡Mal haya quien tiene amor
	a mujer que tiene tía!—
	    ¿Nunca has visto cuando yerra
	la vaca por monte y prado,
	no apartársela del lado
	un momento la becerra?
	    Pues mucho menos desvía
	de sí Clara a tu Leonor.
	¡Dichoso Adán, que su amor
	gozó sin suegra ni tía!

García	Cuenta lo que ha sucedido. No me atormentes.

Redondo	Señor, cogióme en el corredor tras un pilar escondido; preguntóme lo que hacía, recelosa, a lo que vi; pero yo le respondí que era amante de Mencía.
García	¿Y aseguróse?
Redondo	¿Quién sabe la verdad del pensamiento? Solo mandó que al momento para un negocio muy grave la veas.
García	Ya de su amor temo que es solo su intento dar priesa a su casamiento.
Félix	Yo tengo el mismo temor.
García	¿Qué excusa podrá valerme?
Félix	Entrad riñendo con ella por celos.
García	Si a mi querella responde con ofrecerme mano de esposa al momento, ¿cómo he de huir la ocasión?
Félix	No aguardéis satisfacción.

García	Será dañoso a mi intento
	enojarme, cuando quiero,
	con capa de verla a ella,
	ver la sevillana bella.

| Félix | Mejor traza. |

| García | Ya la espero. |

Félix	Fingid que una liviandad
	de ella os han dicho, y queréis,
	antes que la mano deis,
	averiguar la verdad.

| García | Pues ¿de quién podrá fingir |
| | celos que lleven color? |

Félix	¿Qué ocasión queréis mejor
	para poderlos pedir,
	que el Marqués Arnesto, a quien
	vimos, y aun dimos lugar
	para entrarla a visitar
	ayer los dos?

| García | Decís bien. |

| Félix | ¿He de acompañaros? |

García	Vella
	a solas después podéis,
	porque mejor confirméis,
	hablando a solas con ella,
	don Félix, mis fingimientos,
	deponiendo por testigo.

Félix	Bien decís.
García	Adiós, amigo.
Félix (Aparte.)	(Ayuda, Amor, sus intentos.)
(Vase.)	
Redondo	¿Qué de hacer de este papel?
García	Entra conmigo, y procura para darlo coyuntura; que está mi remedio en él.
Redondo	Tú verás la industria mía.
García	Ya ves que importa al efeto el recato y el secreto.
Redondo	De mí, señor, te confía; que no hay del Ganges al Istro sirviente de mí cuidado. Más secreto y recatado seré que un recién ministro.
García	¡Extraño capricho!
Redondo	¿Extraño? ¿Pues hay parca inexorable más cruel, más intratable, que un ministro el primer año?
García	Con silencio hemos de entrar.

Por dicha hallará mi amor
en parte a doña Leonor
que a solas la pueda hablar.

(Vanse don García y Redondo por una puerta y salen por otra. Sale doña Clara, y salen los dos, sin verlos ella.)

Redondo   Clara está en la sala.

García   ¿Harálo
                 mi suerte un tiempo mejor?

Redondo   Siempre se topa, señor,
                 primero en el dedo malo.

García   Pues escucha un pensamiento;
                 que a Leonor puedes con él
                 entrarle a dar el papel
                 hasta el último aposento.

Redondo   Di pues.

(Hablan los dos bajo.)

Clara   Si eres dios, Amor,
                 piadoso a mi bien te inclina.
                 Permite la medicina,
                 pues que causaste el dolor.
                    Haz que fin dichoso dé
                 don García a mi esperanza.
                 No me quite su mudanza
                 lo que me ha dado mi fe.

(Habla Redondo aparte a don García.)

Redondo	¡Extremado pensamiento! Manos a la ejecución; Que hoy seré Griego Sinón.

(Fíngese enojado don García, y saca la daga contra Redondo.)

García	¿Hay mayor atrevimiento? ¡Pícaro desvergonzado!

Redondo	¡Ay de mí!

(Éntrase huyendo.)

Clara	Señor, tened.

García	Atrevido, agradeced que os entrastes en sagrado.

Clara	¡Bien de mí pensamiento!...

García	Cierra, engañosa, los traidores labios; que como el fuego crece con el viento, aumentan tus caricias mis agravios. ¿Qué falso cocodrilo, qué sirena fingida halaga así para quitar la vida?

Clara	¿Qué es esto?

García	¿Qué preguntas? En vano te dispones a negar, enemiga, tus traiciones. ya sé que te he perdido,

66

por más que cautamente
hayas favorecido
al Marqués, que tú llamas tu pariente.
Y no me has engañado;
que más es que pariente el que es amado.

Clara

Escucha. ¿Por qué así te precipitas,
y tus sospechas vanas y ligeras
tan fácil acreditas?
¿Por qué no consideras
que en este mismo techo
otra ocasión se esconde suficiente
a sujetar el corazón valiente
del más armado pecho?
Si el amarme te ha hecho
pensar que sola yo de amor tirano
puedo mover la poderosa mano,
acuérdate que ha puesto
el cielo soberano
en el mirar honesto
de Leonor, mi sobrina,
más que humano poder, virtud divina
por ella vive preso
en afición ardiente
el Marqués mi pariente.

García

¿Qué dices? ¿Cómo es eso?

Clara

Digo que pierde por Leonor el seso,
y que la vez primera
que la vio, de repente arrebatado
en su beldad, quedó tan transformado,
que aunque negar quisiera
sus ardientes enojos,

	los dijo el alma a voces por los ojos.
García (Aparte.)	(¿Qué es lo que escucho, cielos?)
Clara	¿Parécete invención?
García (Aparte.)	(Rabio de celos.)
Clara	Aun hoy, para que creas que te digo verdad, los he cogido hablando a solas.
García	Calla.
Clara	Porque veas que en nada te he mentido, ella misma lo diga. ¡Leonor!
García (Aparte.)	(¡Ay desdichado!)

(Sale doña Leonor.)

Leonor	¿Llamas?
Clara	¿Qué te ha pasado con el Marqués? Acaba, dilo presto; que duda don García por ti y por él de la firmeza mía.
Leonor (Aparte.)	(¿Yo misma contra mí seré testigo?)
Clara	¿Qué dudas?

Leonor	Ya lo digo.
	Hoy el Marqués a visitarte entraba;
	y encontrando conmigo,
	Que sola acaso el corredor pasaba,
	entre tiernas razones
	comenzó a encarecerme sus pasiones.

Clara	¿Estás ya satisfecho?

García	Estoy de celos abrasado el pecho;

(Quítase el sombrero, hablando con doña Clara.)

	que cuanto más pretendes
	satisfacerme, tanto más me ofendes.
	¿Qué sacas de engañarme?

Leonor (Aparte.)	(A mí endereza agora sus saetas.)

García	¿Por qué, cruel, para tan gran caída
	quisiste levantarme?
	Quitárasme la vida
	antes, ingrata, que un favor me dieras.
	Primero que me oyeras,
	de fiero tigre hircano
	muerte me diera la sangrienta mano.
	Quédate, falsa...

Clara	Espera.

García	¿Qué tiene que esperar quien desespera?
	¿Qué ha de hacer a tus ojos
	quien ya les causa enojos?
	No viva en tu presencia

quien murió en tu memoria.
goce el Marqués en paz de tanta gloria.

Clara   Vuelve.

Leonor   Espera.

Clara   Ya falta la paciencia.
Escucha. O no te entiendo o no me entiendes.
¿De la satisfacción misma te ofendes?

(Tiénelo Leonor.)

Leonor   ¿Qué culpa, don García,
del amor del Marqués tiene mi tía?

García   Suelta. ¿Tú me detienes, engañosa?
¡Qué presto has aprendido
el trato de Madrid, falso y fingido!
¿Quién creyera que dama tan hermosa
y de tan pocos años,
iguale a sus minutos sus engaños?

Leonor (Aparte.)   (Él nos destruye agora.)

García   ¡Plega a Dios, que de flecha vengadora,
con furia disparada
de la valiente mano
del ciego Amor tirano,
la nieve de tu pecho atravesada,
encuentres quien contigo
finja, como has fingido tú conmigo!

(Vase. Sale Redondo, que vuelve.)

70

Redondo	A todos, vive Dios, ha emparejado,
	con todos ha reñido.
Clara	Tú la ocasión has sido
	de este incendio, enemiga;
	que el haber tú dudado
	en decir la verdad, la causa ha dado
	a que él sospeche que invención ha sido,
	y en mí tu necia dilación castiga.
Leonor	¡Eso sí!, imita al toro embravecido;
	el que la vara te tiró, se escapa.
	Véngate agora en mí, que soy la capa.
	¿No basta que me obligues
	a que excediendo el orden de mi estado,
	por dar satisfacción a don García,
	haya arriesgado yo la opinión mía;
	sino que, ingrata, agora me castigues
	porque tardé en decir lo que pluguiera
	al santo cielo que callado hubiera?
Clara	¿Pues qué opinión te quita
	que el Marqués te pretenda?
Leonor	¿No me arriesgo a que entienda
	quien sepa que el Marqués me solicita,
	que liviandades mías
	han dado la ocasión a sus porfías?
Clara	¡Qué livianos temores te acobardan!
	Bien se ve que mis penas,
	Leonor, son para ti del todo ajenas.
	No te vayas; que quiero a don García

escribir un papel.

Redondo   Por Dios, señora,
que dudo que en mi pecho haya osadía
para dárselo agora,
cuando ves que contigo
se parte, de celoso, tan airado,
que arrojan sus enojos
mil volcanes de llamas por los ojos;
y viste agora que también conmigo
ciego y arrebatado,
me libró de su furia tu sagrado.

Clara   Bien dices.

Redondo   ¿Qué procuras?
Satisfacerle?

Clara   Sí.

Redondo   Dame licencia,
si de mi fe por dicha te aseguras,
para darte un consejo.

Clara   En la dolencia
solo aspira el enfermo a verse sano,
y ama el remedio de cualquiera mano.

Redondo   Pues no le escribas tú; que temo agora
que la llama voraz de sus enojos
haga ceniza tu papel, señora,
antes que en él llegue a poner los ojos,
no le den tus solícitos amores
materia a más venganzas y rigores.

Deja que el tiempo su furor quebrante.
Toma ejemplo en la fragua;
que cuando el fuego en ella está pujante,
Le aumenta fuerza el agua.
Escríbale primero tu sobrina,
y sus satisfacciones poco a poco
procuren aplacar el furor loco;
que en buena medicina,
cuando un humor nocivo predomina,
para purgarlo, sabes
que lo disponen antes con jarabes.

Clara   Redondo dice bien. Sobrina mía,
escribe a don García.
Dale satisfacción, haz estas paces.

Leonor   De mil maneras haces
que salga de la esfera de mi estado;
mas al fin me conduce a obedecerte
la lástima que tengo a tu cuidado.
Voy a escribir.

Redondo (Aparte.)   (¡Qué bien que lo he trazado!)

Clara   Haz cuenta que me libras de la muerte,
Leonor, según me veo.

Leonor   Tú me ruegas lo mismo que deseo.

(Vase.)

Clara   Redondo, yo confieso que me has hecho
gran bien; que tal consejo en tal estrecho,
solo de tu agudeza nacer pudo.

Redondo   Yo me llamo Redondo, y soy agudo.

(Vanse Redondo y doña Clara. Salen el Marqués y Ricardo.)

Ricardo

     A la puerta se apartó
don Félix, y don García,
a fuer de medrosa espía,
con lentos pasos entró,
   a todas partes mirando,
con un criado, de quien
fía su mal y su bien,
en puridad platicando.
   Subió al fin; pero muy presto
de la visita salió,
y a lo que me pareció,
de enojado, descompuesto.
   Quedóse dentro el criado,
y vino a salir después
más de hora y media. Esto es
lo que he visto y ha pasado
   mientras estuve en espía.

Marqués

¿Ayer don García, y hoy
don García? Loco estoy.
¿Cada día don García?
   ¡Malo! Entrar con pasos lentos,
salir presto y enojado,
quedarse dentro el criado...
de muerte sois, pensamientos.

Ricardo

   Advierte que don García,
supuesto que amante sea,
aún no sabes si desea

a la sobrina o la tía.
   ¿Por qué das rienda al dolor,
y tan presto desconfías?

Marqués   Ricardo, en venturas mías
siempre es cierto lo peor.

Ricardo   El prudente prevenido
espera el peor suceso;
pero, señor, no por eso
lo ha de dar por sucedido.
   Prevén al mal la paciencia,
sin desesperar, señor;
que es el morir de temor
más flaqueza que prudencia.
   Haz primero información
de la verdad de su intento;
no pierdas el sentimiento,
ignorando la ocasión.

Marqués   ¡Qué bien dices! En efeto,
Ricardo, para un señor
el consejero mejor
es un criado discreto.

Ricardo   Por eso te considero
de tantos buenos servido;
mas detente; que ha venido
a buen tiempo el escudero
   de Clara. Por sí te engañas,
comienza tu información
por él.

Marqués   ¿Dirálo?

Ricardo	Si son
	las que deben ser sus mañas,
	nada te podrá callar;
	Y más si en el corazón
	le pusieres un doblón
	al tiempo de preguntar.

Marqués	Llámalo pues.

Ricardo	¡Camarada!

(Sale Figueroa.)

Ricardo	Bien dicen que la ventura
	huye de quien la procura,
	y busca sin ser buscada.

Figueroa	¿Por qué lo decís?

Ricardo	Desea
	el Marqués saber de vos
	cierta cosa, entre los dos,
	y no dudéis de que sea
	si gusto le sabéis dar,
	mucho el bien que os ha de hacer.

Figueroa	El más largo prometer
	no iguala al más corto dar.
	Mas puesto que es el Marqués
	tan gran señor, será justo
	que estime yo el darle gusto,
	por el mayor interés.

Ricardo	Llegad, pues; que ya os espera.
Figueroa	Humilde a vuestro mandado tenéis señor, un criado; y iojalá que fuerza hubiera para serviros en mí!
Marqués	Cúbrase, por vida mía.
Figueroa	Perdone vueseñoría, que yo estoy muy bien así.
Marqués	Por mí vida lo ha de hacer.

(Cúbrese Figueroa.)

Figueroa	Ya es forzoso. iQué honradores son los tan grandes señores!)
Ricardo (Aparte.)	(Y más cuando han menester.)
Marqués	Dígame agora su nombre.
Figueroa	Figueroa.
Ricardo (Aparte.)	(iUna miseria! es de la casa de Feria.)
Marqués	Ése es solo un sobrenombre.
Figueroa	No han de ser desvanecidos los pobres; que es muy cansado un hombre en humilde estado hecho un mapa de apellidos.

Aun con solo un nombre, veo
que no me dejan vivir,
y hay quien ha dado en decir
que sin razón lo poseo;
   mas procuren de mil modos
los malsines murmurar;
que por Dios que al acostar
estamos desquitos todos.

Marqués	Vos, en fin, ¿sois Figueroa?
Figueroa	Por lo menos me lo llamo.
Marqués	Deudos somos.
Figueroa	Ser mi amo vos, será mi mayor loa.
Marqués	Digo que sois mí pariente, y que se os echa de ver, porque vuestro proceder dice quién sois claramente.
Ricardo (Aparte.)	(¡Qué bien le obliga!)
Marqués	Por Dios, que saberlo me ha alegrado; pues con eso mi cuidado os toca también a vos. Pues si sois deudo también de doña Clara, su afrenta tomaréis a vuestra cuenta como yo.

Figueroa	Decís muy bien.
Marqués	Pues escuchad, si os agrada; que está en riesgo nuestro honor.
Figueroa	¡Qué cosa para mi humor! ¿En riesgo el honor? ¿No es nada? Decid.

(Pónense a hablar bajo los tres. Salen don García y Redondo.)

Redondo	Detener no puedo la risa, señor. Salió alborotada; mas yo, poniendo en la boca el dedo, la sosegué, y advertir pudo en un punto mi intento; que es de ángel su entendimiento y entiende sin discurrir. Saqué el papel...
García	¿Lo leyó?
Redondo	Ponte un grado más atrás.
García	¿Cómo?
Redondo	¿No preguntarás antes, si lo recibió?
García	Eso está claro.
Redondo	Decirlo puedes; que está bien patente.

Pues te digo claramente
que no quiso recibirlo.

García   ¿Que no quiso?

Redondo   Señor, no.

García   ¡Qué escucho! ¿Y sabes por qué?

Redondo   La causa, yo no la sé;
sé que no lo recibió;
   y estando en esta porfía,
sobre si es justo o no es justo
dar a tu fe tal disgusto,
la empezó a llamar su tía.
   Salí después que te fuiste,
y hubo entre ellas gran cuestión
sobre cuál fue la ocasión
del enojo que tuviste.
   Resolvióse al fin la tía
en escribirte un papel;
yo le dije que con él
tu furor aumentaría,
   y que era bien que Leonor
satisfaciendo lo hiciera;
que negocia una tercera
con un celoso mejor.
   Cuadróles mi parecer;
y Leonor, tras resistir
un rato, se entró a escribir,
y doña Clara a leer
   lo que Leonor escribía.
Y así no tuvo ocasión
de rezar por su intención;

que todo fue por su tía.
   No me dieron el papel;
que nuestra invención creyeron,
y a enviar se resolvieron
un escudero con él.
   Salí, y apenas los pies
puse en la calle ligero,
cuando en un zaguán frontero
vi un criado del Marqués,
   que con recato espiaba
disimulando y temiendo;
y cuando entramos, entiendo
que el mismo puesto ocupaba.

García   No digas más.

Redondo   ¿No diré
lo que con él me pasó?

García   ¿Qué pasó?

Redondo   Que él me miró,
Y yo también le miré.
   Pasé arrogante la calle.
Capa y espada prevengo,
y como él no me habló, vengo,
y véngome sin hablalle.

García   ¡Qué gran hazaña!

Redondo   ¿Sería
cordura trabar pendencia
en tal calle?

García	Esa prudencia
	la debo a tu cobardía.
	¡Ay de mí! Yo soy perdido.
	¿Efímera fue, Leonor,
	en tu corazón mi amor?
	¿Hoy murió, de ayer nacido?
	¿Fue contra el cierzo violento
	flor que de nacer acaba?
	¡Qué tierno tu amor estaba,
	pues lo llevó el primer viento!
	Al primer indicio leve
	del amor del Marqués, luego,
	¡trocaste la nieve en fuego,
	y el fuego trocaste en nieve!
	¿No es éste el Marqués? Desvía.
Redondo	Sí, señor.
García	Hablarle quiero.
Redondo	¿He de ser el «Míra Nero,
	o él de nada se dolía»?
García	Eres muy cuerdo.
Redondo	Respondo
	que soy Redondo; y quisiera
	que por mí no se dijera
	esto de «Cayó redondo».
Marqués	Id con Dios.
(Vase Figueroa.)	El escudero
	se rindió a la vanidad.

Ricardo	Si va a decir la verdad yo sospecho que al dinero.
Marqués	Él redimió el alma mía de mil celosos engaños.
Ricardo	En fin, ¿dice que ha dos años que ama a Clara don García?
Marqués	Sí.
Ricardo	¿Y que su dueño gallardo, la bella doña Leonor, ni tiene amante ni amor hasta agora?
Marqués	Sí, Ricardo.
Ricardo	Ya habrás visto de ese modo cuán malo es anticipar la pena y desesperar, sin informarse de todo.
Marqués	Tanto, Ricardo, que espero que en el mismo don García, que por el contrario tenía, he de tener compañero; que haremos, enamorados los dos de Clara y Leonor, para esta guerra de amor, liga de nuestros cuidados.
Ricardo	Él viene.

Marqués	Yo le he de hablar.
García	Señor Marqués.
Marqués	Don García.
García	En busca vuestra venía; que tenemos que tratar cierto caso entre los dos.
Marqués	Huélgome; que también vengo a buscaros, porque tengo otro negocio con vos.
García	Redondo, déjanos solos.
Redondo	Harélo con mucho agrado; que temo morir birlado, ya que Dios nos hizo bolos.

(Vase Redondo.)

Marqués	Déjanos solos, Ricardo.
Ricardo	¿Dónde te veré después?
Marqués	En palacio.

(Vase Ricardo.)

García	Va, Marqués, vuestros intentos aguardo.
Marqués	Yo os suplico, don García,

                              que los vuestros me digáis.

García   En esto, si no empezáis,
                              consumiremos el día.

Marqués   Porque vuestro gusto intento,
                              me determino a empezar;
                              pues cuanto tardo en hablar,
                              tanto os quito de contento.
                                 Sabed, noble don García,
                              que la libertad lozana
                              el nunca domado orgullo,
                              la juvenil arrogancia
                              con que pisé tantos años
                              del Amor ciego las armas,
                              envidia de los galanes
                              y cuidado de las damas,
                              rindieron ya la cerviz
                              a la sujeción tirana
                              de una pena que me aplace
                              y de un placer que me mata
                              vi los dos divinos ojos
                              de la hermosa sevillana
                              doña Leonor de Toledo.
                              Vilos al fin, esto basta;
                              que pues que vos habéis visto
                              su belleza soberana,
                              conoceréis los efectos
                              por el poder de la causa.
                              Apenas rompió mi pecho
                              la flecha de Amor dorada,
                              cuando los celos se entraron
                              por la misma herida al alma;
                              que dos veces, Lara ilustre,

os vi entrar a visitarla
conociendo vuestras partes,
su hermosura y mi desgracia;
pero los piadosos cielos,
condolidos de mis ansias,
con un desengaño breve
serenaron la borrasca,
pues con saber que ha dos años
que servís a doña Clara,
vengo a tener por amigo
al que enemigo juzgaba.
Ya sabéis que es deuda mía.
Pues vos entráis en su casa,
y en ella están las dos prendas
de nuestras dos esperanzas,
ayudémonos. Dé al otro
cada cual lo que le falta,
y démonos dos a dos
esta amorosa batalla.
Terciad por mí, don García,
con Leonor; que mi palabra
os doy de hacer cuanto pueda
porque os dé la mano Clara.

García   Por la merced que me hacéis
os beso, Marqués, las plantas
y para servirla ofrezco
cuanto pueda y cuanto valga;
mas escuchad el intento
y el fin para que os buscaba,
y a la vuestra servirá
de respuesta mi demanda.
Cierto caballero noble,
que la deidad idolatra

de Leonor, y a dulces bodas
anima sus esperanzas;
teniendo ciertos indicios
de vuestra amorosa llama,
temeroso justamente
de competencia tan alta,
por mí os suplica, Marqués,
que la antigüedad le valga,
y la honrosa pretensión,
pues de ser su esposo trata;
supuesto que aunque Leonor
tiene calidad tan clara,
por ser escudera y pobre,
vos no querréis levantarla
al tálamo suntuoso
que más feliz dueño aguarda,
y con ilícitos fines
debéis de solicitarla.
Éste es el caso, Marqués;
y yo le di la palabra
de ayudarle. Noble soy.
Mirad si puedo quebrarla.
Serviros es imposible;
engañaros vil hazaña.
Esto os respondo; que vos
respondáis es lo que falta.

Marqués   ¿Puede saberse quién es
                 ese amante?

García   La palabra
                 del secreto me pidió.

Marqués   Si se la distes, guardadla.

García	¿Qué respondéis?

Marqués

                  Desistir
de intenciones declaradas
no pienso que suele dar
a los nobles alabanza,
y más cuando quien lo pide
encubre de mí la cara,
con que ni a la cortesía
ni a la amistad debo nada.
Alegarme antigüedad
para obligarme, no basta;
porque esa en la posesión
vale, mas no en la esperanza;
porque ajenas pretensiones
con razón puede estorbarlas,
no el que primero pretende,
mas el que primero alcanza.
Decir que el querer casarse
hace justa su demanda,
porque yo a ilícitos fines
debo de solicitarla,
ése es mucho adivinar.
Y a doña Leonor agravia
quien piense que yo no debo
para mi esposa estimarla.

García	¿Qué decís?

Marqués

                Será mi esposa;
y lo fuera, si gozara,
como un título poseo,
de la corona de España.

García (Aparte.)   (Perdido soy.)

Marqués   Don García,
de colores la mudanza
en vuestra cara, denota
turbaciones en el alma.
Parece que hacen en vos
sentimientos mis palabras,
mayores que los que suelen
obrar las ajenas causas.

García   Marqués, las causas ajenas,
el que es noble, o no se encarga
de ellas, o tiene por propia
su ventura o su desgracia.

Marqués   Correspondéis a quien sois;
mas pues las partes contrarias
hacéis con doña Leonor;
y son ella y doña Clara
mis deudas; y sois galán,
y ellas dos hermosas damas,
con que pueden ofender
vuestras visitas su fama;
desde este momento son
los umbrales de su casa
vedados a vuestros pies,
y a los ojos las ventanas.

García   Doña Clara es viuda, y es
señora de sí, y se trata
casamiento entre los dos.

Marqués	Tratadlo sin visitarla.
García	No sois deuda tan cercano vos, que os obligue su guarda.
Marqués	A todos toca el remedio; que a todos toca la infamia, y son padres de sus deudos los señores de las casas. Pero cuando no, advertid que ya lo he intentado, y basta para empeñarme y correr por mi cuenta la venganza.
García	Habéis de advertir, Marqués, que si sois Marqués, soy Lara, que como yo tenéis vida, y yo como vos espada.

(Vanse.)

Fin de la segunda jornada

90

Jornada tercera

(Sale don Félix, teniendo a don García.)

García   Soltad.

Félix   No iréis, vive Dios.

García   ¿He de mostrar cobardía
al Marqués?

Félix   Yo, don García,
tengo de morir con vos;
  mas si el fin de resolveros
es no perder la beldad
de Leonor, ¿no es necedad
perdella más con perderos?

García   ¿Indicios de cobardía,
siendo quien soy, he de dar?

Félix   Esto no es sino guiar
bien las cosas, don García.
  Tracemos cómo Leonor
dé efecto a vuestra esperanza;
que ésa es la mayor venganza
y el verdadero valor;
  pues si su bien le quitáis,
dos fines conseguiréis.
Mostrar que no lo teméis,
y gozar de quien amáis.
  El que llevare a Leonor,
ése vence. En eso topa
porque el que guarda la ropa,

solo es el buen nadador.

García

En vano buscáis remedios;
que el venirnos a encontrar
es fuerza, si he de pasar
a los fines por los medios.
    Sin visitarla, sin verla,
sin servilla y sin hablarla,
¿cómo puedo yo obligarla?
¿Cómo llegar a vencerla?

Félix

    ¿No tenéis amigos fieles?
¿No hay mensajeros discretos?
¿No hay medianeros secretos?
¿No hay recados? ¿No hay papeles?
    ¿No hay disfraces? ¿No hay espías?
¿No hay noches? ¿No hay a deshora
hablar a vuestra señora,
sin temáticas porfías?
    Buscar el inconveniente
es notorio desvarío.
En el más pequeño río
no hay vado como la puente.
    El Marqués es poderoso;
vos no, aunque tan caballero.
De vuestro valiente acero
confieso el valor famoso;
    y era ofensa declarada
el quereros impedir,
si fuera cierto el reñir
cuerpo a cuerpo en la estacada.
    No digo yo que ha de hacer
el Marqués superchería,
ni es razón; pero podría

querer usar del poder;
   que puede al fin un señor,
desvanecido en su alteza,
dar título de grandeza
a lo que ha sido temor.
   Y aunque es fuerza confesaros
que vuestra nobleza es
tal, que no puede el Marqués
con razón supeditaros;
   lo que en estado os excede
y os aventaja en hacienda,
basta para que pretenda
darnos a entender que puede.
   Y así arrojaros es loca
intención, mientras no es tanta
el agua, que a la garganta
pida paso por la boca.
   Si no podéis de otro modo
con Leonor comunicaros,
ahí será el determinaros
y el aventurarlo todo.

García   En tanto que la honra mía
no peligre, seguiré
vuestro consejo.

Félix   A mi fe
fiad vuestro honor, García.

García   Trazad pues cómo a Leonor
pueda yo ver.

Félix   ¿Un papel
no os escribió?

García	Sí.
Félix	Y en él, ¿qué estado muestra su amor?
García (Dale un papel.)	Satisfacciones me envía. Leedlo, con advertencia de que lo escribió en presencia de doña Clara su tía.
(Lee.)	
Félix	«Mucho siento verme con vuestra merced tan mal acreditada, que no basten satisfacciones mías a celos mal fundados. Aseguróle que si le engañara, le desengañara. Mi tía es y ha de ser de vuestra merced, y remite la prueba de sus verdades a las obras. Y si con esto prosigue vuestra merced su enojo, será cierto que no se retira por celar, sino que cela por retirarse. Y me holgara de verlo, para decirle muchas más verdades sin rebozo.»
García	Esa palabra declara que cuanto me escribe aquí, lo dice Leonor por sí, hablando de doña Clara, conforme a la oculta seña entre los dos concertada.
Félix	De esa suerte declarada, resolución os enseña, pues dice que es y ha de ser vuestra.

García	Sí.
Félix	Discretamente sabe decir lo que siente.
García	Agudeza fue poner En el billete la seña, sin desdecir la razón.
Félix	Hermosura y discreción ablandarán una peña.
García	Esto supuesto, ¿qué haré?
Félix	¿Qué falta, si ya Leonor ha declarado su amor, sino que la mano os dé?
García	¿Eso que no es nada?
Félix	Pues si ella está ya declarada, ejecutarlo no es nada.

García	¡Ay don Félix! Lo más es;
	  que en cosas tan de importancia,
	desde la resolución
	a la misma ejecución,
	es muy grande la distancia;
	  y más en una mujer
	niña, doncella y honrada,
	encogida y recatada,
	a quien se le han de ofrecer

inmensos inconvenientes
con pensar que desafía
la enemistad de su tía
y el murmurar de las gentes.
    Y aumenta el temor cruel
ver que no se resolvió
cuando ocasión se ofreció,
a recibir un papel.

Félix   Yo no os lo puedo negar;
mas también se ha de entender
que no hay de decir a hacer
más de un grado que pasar.
    Ella ha dicho ya de sí.
Demos a la ejecución
tiempo, lugar y ocasión,
y probaremos así
    las veras con que se abrasa.

García   Muy bien decís.

Félix   Yo daré
una traza, con que esté
sola con vos en su casa,
    porque se ausente con vos,
si su palabra desea
cumplir, sin que el Marqués vea
a ninguno de los dos.

García   Ya de vos la vida espero.

Félix   En vuestro bien está el mío;
(Aparte.)   (Pues de esa suerte confío
alcanzar a la que quiero.)

En vuestra casa esperad
hasta que os avise.

García   Voy.

Félix   La prueba habéis de ver hoy
de mi ingenio y mi amistad.

(Vanse. Salen doña Leonor y Mencía.)

Mencía   Determinarte procura,
o ser feliz desconfía;
que nunca la cobardía
dio abrazos a la ventura.

Leonor   No sé cómo es la pasión
de que fatigar me veo,
que me animo en el deseo,
y tiemblo en la ejecución.
Siéntome abrasar por él,
y cuando lo veo, siento
que aún no tuvo atrevimiento
de recebír un papel.

Mencía   Eso me tiene admirada.
Si dijiste a don García.
«Digo que os quiere mi tía»,
con la seña concertada,
que es decirle que lo quieres,
¿cómo tan cobarde estás
en lo demás, sí es lo más
declararse en las mujeres?

Leonor   Como las palabras son

tan ligeras, las envía
muy fácilmente, Mencía,
a la boca el corazón;
   y más cuando no el intento
pronunciaron declaradas;
que les dio, el ir rebozadas
del engaño, atrevimiento.
   «Digo que os quiere mi tía»,
dije; y pienso que si fuera
menester que le dijera,
«Yo os quiero», no lo diría.
   Y no debes, siendo así,
admirar por cosa nueva
que a ejecutar no me atreva,
aunque a decir me atreví.
   Mil veces ya me arrojaba
a recibir el papel,
y tantas la mano de él
casi abierta retiraba.
   Ya del mismo portador
la vergüenza me oprimía;
ya de que alguien lo vería
me refrenaba el temor.
   ¿Pues qué, cuando el alma piensa
del pueblo las opiniones,
de los deudos los baldones,
de doña Clara la ofensa?
   Allí es Troya. Allí el temor
corta a la esperanza el vuelo,
y llueven montes de hielo
sobre las llamas de amor.

Mencía   Que lo olvides me holgaré;
que pienso que más ventura

guarda el cielo a tu hermosura.

Leonor   ¿Por qué lo dices?

Mencía   La fe
                con que en amarte porfía
                el Marqués, me hace esperar,
                señora, que has de pasar
                de merced a señoría.

Leonor   ¡Qué locura!

Mencía   La locura
                es, siendo igual la nobleza,
                entender que su grandeza
                es digna de tu hermosura.

Leonor   En el príncipe más loco,
                los impulsos de afición
                centellas de rayo son.
                Arden mucho y duran poco.
                  Y del Marqués, ni yo creo,
                ni aunque él lo diga, imagines
                que a justos y honestos fines
                encamine su deseo.

Mencía   Si Figueroa porfía
                que lleva puesta la proa
                en eso...

Leonor   ¿De Figueroa
                haces tú caso, Mencía?

Mencía   Hace libros.

Leonor   El papel
                          echa a mal.

Mencía   Pues por mil modos
                          dice en ellos mal de todos.

Leonor   Y todos de ellos y de él.

Mencía   Pues él viene confiado...
                          Mas la que viene es tu tía.

(Sale doña Clara.)

Clara   Déjanos solas, Mencía.

Mencía (Aparte.)   (Entra en consejo de estado.)

(Vase.)

Clara   Leonor, bien pienso que sabes
                          quién eres.

Leonor   Bien sé que fueron
                          Toledos y Figueroas
                          blasones de mis abuelos.

Clara   Las muchas obligaciones
                          entenderás, según eso,
                          que con la sangre heredaste
                          de tus pasados.

Leonor   Sí entiendo.

Clara	Bien conocerás, sobrina, con cuánto amor te deseo buena fama y buena suerte.
Leonor	Sí conozco, y agradezco.
Clara	Luego bien creerás que puedes fiar de mí tus secretos.
Leonor	Confiada estoy que en ti es más la amistad que el deudo.
Clara	Pues no me niegues, amiga, lo que preguntarte quiero, si es que miras por tu honor, y fías que haré lo mesmo.
Leonor (Aparte.)	Deja tantas prevenciones, y declárate. (¿Qué es esto? ¿Si ha entendido sus agravios?)
Clara	No me espantaré que haciendo siempre el Amor su morada en los juveniles pechos, en tus años florecientes haya prendido su fuego. No por cierto; que también soy yo mujer, y amor tengo. Dime pues, ¿qué lugar tienen en tu afición los deseos del Marqués?
Leonor (Aparte.)	(¡Gracias a Dios, que habemos llegado al puerto!)

Clara	Di: ¿qué esperanzas le has dado,
	o qué favores le has hecho?
	Y él contigo ¿qué fin lleva?
	¿Qué designios o qué intentos
	significan sus palabras
	y pronostican sus hechos?
	Háblame claro, sobrina;
	que te va el honor en ello.

Leonor	Hay tan poco que decir,
	que no haré nada en hacello.
	Él dice que me pretende
	para esposa; no lo creo;
	y ni favor ni esperanza
	le he dado. No hay más en esto.

Clara	Pues, sobrina de mis ojos,
	mira por tus pensamientos;
	que se obligan esperando,
	y se cautivan creyendo.
	Dase un reino a un rey extraño
	con que le guarde sus fueros;
	después que de él se apodera,
	¿quién podrá obligarle a ello?
	Prometiendo matrimonio
	entra el amor en el pecho,
	y aunque después no lo cumpla,
	no hay para echarlo remedio.
	Piensa que el Marqués te engaña,
	y no lo querrás con eso;
	que el que engaña ofende, y causa
	la ofensa aborrecimiento.
	Piensa que en sangre le igualas,

y aspira al tálamo honesto;
que el estado y la fortuna
no es ventaja entre los buenos.
Si es verdadero amor,
si casarse es su deseo,
tu esquiveza y tu recato
darán más fuerza a su fuego;
y si engañarte pretende,
pruebe el rigor de tu pecho.
Darás lustre a tu nobleza
y castigo a sus intentos.

Leonor   Aunque estimo tus avisos,
casi corrida me siento
sospechando que imaginas
que yo necesito de ellos.
¿Qué indicios has visto en mí
de livianos pensamientos?
Que nacen más que de amor
tan cuidadosos consejos.

Clara   Ver que el Marqués multiplica
diligencias y paseos,
y examina tus criados
de tus dichos y tus hechos,
centinela de tu vida,
Argos de tus pensamientos;
como te tengo a mi cargo,
en tal cuidado me ha puesto.
Y más viendo que eres ave
tan poco experta en el vuelo,
y en la región de la corte
estrenas agora el viento.
Que como pocos señores

se ven en los otros pueblos,
corren las recién venidas
a la corte, mucho riesgo
de pensar que es calidad
que aumenta merecimientos,
un amante señoría.

Leonor   Discretos son tus recelos,
mas excusados conmigo.

Clara   Conozco tu entendimiento;
pero nunca hicieron daño,
aunque sobren, los consejos.

(Sale Redondo, de mujer, rebozado.)

Clara   Mas ¿quién es esta mujer?

(Redondo da un papel a Leonor sin decir palabra.)

                       ¡Hola! ¡Criados! ¿Qué es esto?
¿Billete le da a mis ojos?
¿Hay mayor atrevimiento?
¡Hola!

(Sale Mencía.)

Redondo   Tente, no des voces.
(Descúbrese.)   ¿A una mujer tienes miedo?

Clara   ¿Es Redondo?

Redondo   Soy Redondo.

Clara	¿Pues qué disfraces son éstos?
Redondo	¡Ah, señora! Mucho mal. El mundo al revés se ha vuelto.
Clara	¿Cómo, Redondo?
Redondo	¿No ves que ya los hombres son hembros?
Clara	Acaba, dime. ¿Por qué en ese traje te has puesto?
Redondo	Porque el Marqués tu pariente no sepa que a hablarte vengo; porque sobre visitarte ha tenido con mi dueño palabras harto pesadas.
Clara	Él está loco de celos. Mira el daño que el Marqués con pretenderle me ha hecho, pues que firme don García en el primer pensamiento de que soy el blanco yo a quien miran sus deseos, vino a encontrarse con él.
Redondo (Aparte.)	(¡Bien entendéis el enredo!)
Clara	¿Y qué dice don García?
Redondo	Al pimpollo hermoso y tierno de gallegos Figueroas

y castellanos Toledos
paga en éste su papel,
y a ti te pide que luego
yomes, señora, la silla,
y en el lugar más secreto
de San Sebastián lo aguardes
para contarte el suceso,
y resolver de estas cosas
el importante remedio.

Clara	¡Hola! ¡Apercibid los mozos
(Sale Figueroa.)	de silla al punto. ¡Que en esto
(Vase Figueroa.)	por ti, sobrina, me vea!

Leonor   Yo, tía, ¿qué culpa tengo?

Clara   En tanto que me dispongo
para salir, ve leyendo.
¡Hola!, el manto.

(Vase Mencía. Abre el papel Leonor.)

Leonor (Aparte.)   (¿Si traerá
contraseña este decreto?)

(Lee.)   «El papel de vuesa merced puse descubierto sobre mi
cabeza, y con la misma reverencia respondo...»

(Aparte.)   (Bien está: la seña trae.)

Clara   ¿Qué te detienes?

Leonor   No acierto;
que escribe mal don García.

Redondo	Es propio de caballeros.

(Lee.)

Leonor	«Respondo que pues vuesa merced dice, sin rebozo, que su tía es y ha de ser mía, y no deseo otra cosa, he trazado como hoy se vea en la ejecución la verdad. Y advierto que si hoy falta la resolución, mañana faltará la ocasión. Y guarde nuestro Señor, etc.étera.»
Clara	¿Cómo, si está satisfecho, celos al Marqués pidió? ¿Y cómo, si siempre yo le di la mano y el pecho, duda mi resolución, y amenaza y desconfía?
Redondo	El amor temores cría en la misma posesión.

(Vuelve Mencía con el manto de su ama.)

Mencía	La silla está apercibida.
Clara	Ve a avisar a tu señor que ya parto. Adiós, Leonor.
Leonor	Prospere el cielo tu vida.

(Doña Leonor y Redondo hablan aparte.)

Redondo	El cuerpo hurtaré a tu tía; que te importa mucho oírme.

Leonor   ¿No te vas?

Redondo   El despedirme
                    de un ángel me detenía.

(Vanse doña Clara, Mencía y Redondo.)

Leonor   Tómalo entre el manjar y la bebida,
                    en vano sigue el fruto que cercano
                    el labio toca hambriento, y sigue en vano
                    el agua que a la sed huye y convida.
                        Mas yo de mis deseos combatida,
                    —¿Quién tal creyera? —en mal tan inhumano,
                    yo misma ¡ay triste! la medrosa mano
                    huyo del bien, al mismo bien asida.
                        Si de la vida pretendéis privarme,
                    temores y recatos, no es mi intento
                    sino ver declarada la vitoria.
                        Acabad de acabaros o acabarme;
                    que bien sabrá morir en el tormento
                    la que sabe privarse de la gloria.

(Vase. Salen el Marqués y Otavio.)

Marqués   Desde la tierna edad, Otavio, han sido
                    un alma nuestras almas, e igualmente
                    la amistad con los años ha crecido.
                        Yo pienso que sacárades, ausente
                    de mí, en defensa de mi honor la espada.

Otavio   Hasta rendir la vida el pecho ardiente.

Marqués   Pues ya es, amigo, la ocasión llegada,

en que la fe de vuestro hidalgo pecho
a tantas pruebas la mayor añada.

Otavio
    Corrido estoy, por Dios, de que hayáis hecho
para mandarme, tales prevenciones.

Marqués
Yo estoy de vuestras veras satisfecho;
    mas es justo en tan grandes ocasiones
el fuego en las cenizas sosegado
despertar, y acordar obligaciones.
    Si hubiera de pediros que a mi lado
saliérades al campo a un desafío,
venid, solo os dijera, confiado;
    mas no sin causa agora desconfía,
cuando duro fiscal pretendo haceros
de ajeno honor, por conservar el mío;
    que pienso que los nobles caballeros
solo por no tocar en honra ajena,
pueden romper de la amistad los fueros.

Otavio
    No llame dura la más dura pena
quien con lengua insolente y atrevida
la ajena fama y opinión condena;
    mas si puede, Marqués, ser ofendida
la vuestra del recato, es bien que sea
en mí amistad a todas preferida.

Marqués
    Sabed, pues, que el amor de suerte emplea
su fuerza en mí, que ya en mi pensamiento
no hay parte que su fuego no posea.
    Resuelto estoy a declarar mi intento
hoy a Leonor, y con su blanca mano
dar venturoso fin a mi tormento.
    Vos, que con ella el pueblo sevillano

desde la cuna honrastes hasta el día
que partistes al suelo cortesano;
 pues está en vuestra mano la honra mía,
debajo de la llave del secreto,
si de mi fe vuestra amistad lo fía,
 me decid si padece algún defeto
la fama de Leonor, porque yo deba
suspender de estas bodas el efeto.
 Habladme claro, Otavio, sin que os mueva
ni la afición ni el deudo que le tengo,
a que en vos menos la verdad se atreva.
 No a vos amante, sino honrado vengo.
Mi sentimiento temeréis en vano,
pues para el desengaño me prevengo.
 Imitad al experto cirujano
en quien para el remedio del doliente
tiene el pecho piedad, crueldad la mano.
 Solo de vuestra lengua está pendiente
que yo ejecute mi intención, Otavio,
o que reprima la pasión ardiente.
 Moved resuelto el oficioso labio,
advirtiendo que pongo, ¡oh caro amigo!
mi honor en vuestros hombros o mi agravio.

Otavio   Lo que os dije otras veces, que conmigo
comunicastes este mismo intento,
por verdad infalible agora os digo.
 Creed que a no ser esto lo que siento,
la centella al principio os apagara,
antes que os obrasase el pensamiento;
 el oculto peñasco os enseñara
sin ser de vos, Marqués, examinado,
y el timón en las manos, os dejara;
 que aunque solo ha de darse demandado

el consejo, entre amigos el aviso
se ha de dar, sin pedirlo, al descuidado.
　　En cuantas tierras vio de Cipariso
el claro amante, y la purpúrea diosa
que el viejo esposo tan en vano quiso,
　　Nunca opinión más clara, o más honrosa
fama alcanzó doncella, que en Sevilla
la tuvo siempre vuestra prenda hermosa.
　　Gozad feliz la octava maravilla
de virtud, de prudencia y hermosura,
del mundo asombro y honra de Castilla.

Marqués
　　Mi honor con eso, Otavio, se asegura,
y mi amor se resuelve.

Otavio
　　　　　　　　El cielo mide
con su merecimiento su ventura.

(Sale Ricardo.)

Ricardo
　　Mi cuidado, señor, albricias pide.
En la silla salió la guardadora
Vigilante del bien, que ver te impide.
　　Sola queda Leonor.

Marqués
　　　　　　　　Aunque ya agora,
resuelto a ser su esposo, se holgaría
Clara, los hurtos ama quien adora.
　　A solas quiero ver la gloria mía.

Otavio
Bien decís; que vencer la resistencia
aumenta a los amantes la alegría,
y minora los gustos la licencia.

(Vanse. Salen Leonor y Redondo.)

Leonor   Presto volviste.

Redondo   Escondime
en un zaguán, y en pasando
doña Clara, vine al punto
a prevenirte del caso.

Leonor   Habla pues; que estoy confusa.

Redondo   Celoso y determinado
mi dueño, al Marqués buscó,
que es tu amante y su contrario;
y fingiendo que un su amigo
solicitaba tu mano,
le pidió que desistiese
del intento comenzado.
No se conformó el Marqués;
antes juzgó por agravio
la demanda, y con disgusto
al fin los dos se apartaron.
Pues como el Marqués prosigue
atrevido y confiado
en publicar, tan a riesgo
de tu opinión, sus cuidados;
mi señor, por evitar
los escandalosos daños
que en tu fama sucedieran,
si por ti riñesen ambos;
para entrar secreto a verte,
él y don Félix trazaron
sacar de aquí a doña Clara.
Don Félix la está esperando

en San Sebastián; y oculto
ocupa un zaguán cercano
mi señor, para meterse,
por cohecho o por engaño,
en la silla de tu tía,
y venir a verte, en tanto
que ella en la Iglesia le está
con don Félix aguardando.
Éste es el caso, y el punto
éste en que viene mi amo
por la calle en la litera
de dos racionales machos.
Apercibe pues, señora,
resolución para el caso.
No se pase la ocasión,
que tiene el celebro calvo.

Leonor   ¡Ay de mí!

Redondo   ¿De qué te afliges?

Leonor   A un punto me hielo y ardo,

Redondo   Pasos siento. Éste es sin duda
mi señor.

Leonor   Mil sobresaltos
me cercan.

(Sale Mencía.)

Mencía   En este punto
el Marqués en casa ha entrado.

Redondo	¿El Marqués? ¡Cuerpo de Cristo!
Leonor	Ponte presto, ponte el manto.
Redondo	Despáchalo presto. Mira que ya llegará mi amo, y si se encuentran los dos, es forzoso un gran fracaso.
Leonor	Vele a avisar.
Redondo	Dices bien.
Leonor	Di que se detenga un rato; que al punto al Marqués despide.
Redondo	Yo voy; mas voy recelando que intentamos detenerlo con lo que ha de apresurarlo.

(Vase. Salen el Marqués y Ricardo.)

Marqués	Bella Leonor...
Leonor	Razón fuera, si supo vueseñoría que no está en casa mi tía, que este pesar no le diera; y si no lo supo, ya que lo sabe, será justo que a mí me evite el disgusto que ella conmigo tendrá, pues ha de pensar que es mía la culpa de esta ocasión.

Marqués	Si escucháis una razón...
Leonor	Sírvase vueseñoría de perdonarme, y difiera lo que quiere hablar por hoy; y no se espante si soy, de recatada, grosera.

Marqués	A pedir favor he entrado,
	y he de porfiar, Leonor;
	que un mendigo de favor
	bien puede ser porfiado.
	   Despedirme, confesáis,
	señora, que es grosería;
	y yo confieso la mía
	de no hacer lo que mandáis.
	   Una por otra, Leonor,
	se vaya. Igual es el trato;
	pues si os obliga el recato,
	a mí me obliga el amor.

Leonor	Amarme ¿es darme pesar?
Mencía	Déjale por Dios decir, y gasta el tiempo en oír, que gastas en porfiar.
Leonor	Decid pues, con que abreviéis.
Marqués	Solo digo que os ofrezco esta mano, si merezco que la de esposa me deis.

Leonor	¡Qué decís!

Marqués	No digo más;
que obedeceros deseo,
y en esto que he dicho, creo
que se encierra lo demás.
¿Qué dudáis? ¿No respondéis?

Leonor	Señor Marqués, no os espante
en caso tan importante
esta suspensión que veis;
que no sin causa al deseo
que me proponéis resisto,
pues por los medios que he visto,
dudo los fines que veo.
Porque si vuestra intención
era levantar mi mano
al tálamo soberano
de vuestra dichosa unión,
¿de qué sirvió tanta espía,
con recato y diligencia,
para tratarlo en ausencia
de mi cuidadosa tía,
siendo negocio tan llano,
que para este intento fuera
ella la mejor tercera,
viendo lo mucho que gano?
Por esta razón no creo
la dicha que me sucede,
y lo que presumo puede
más en mí que lo que veo.

Marqués	Recelos fueran discretos,
justas presunciones ésas,

si fuesen estas promesas
y no presentes efetos.
　Si os doy mano de marido,
¿qué teméis? ¿Qué receláis
cuando la verdad tocáis?
si porque os he pretendido
　como galán, os advierto
que fue por gozar favor,
alcanzado por amor
primero que por concierto;
　que no porque mi deseo
no fuese, desde que os vi,
saros posesión de mí
en pacífico himeneo.
　Cesen pues ya las crueldades
que causó el recelo vano,
pues que con daros la mano
averiguo estas verdades.

Leonor
　　　　　Puesto que las acredito
con agradecido pecho,
no deis a tan justo hecho
circunstancias de delito.
　Con doña Clara mi tía
tratad estas intenciones,
porque las justas acciones
no huyen la luz del día.

Marqués
　　　　　Al punto a buscarla iré;
que demás de ser tan justo,
los delitos de tu gusto
son las leyes de mi fe.
　Pero tú, señora mía,
será bien que un sí me des.

Mencía	Bien dice.
Leonor	Digo, Marqués, que lo tratéis con mi tía.
Marqués	Sepa yo tu voluntad, di que sí, mi bien, si quieres.
Leonor	No dicen más las mujeres de mí estado y calidad. y con esto, idos con Dios. No demos qué murmurar, si algún vecino os vio entrar.
Marqués	Mi honor es el de los dos; pero, mi bien, por venir más presto al bien soberano de tocar tu blanca mano, más presto quiero partir. ¿Dónde hallaré a doña Clara?
Ricardo	Que en San Sebastián quedó, ha dicho quien la siguió.
Marqués	Pues adiós, mi prenda cara.
Ricardo	La silla es ésta, señor, de doña Clara.

(Salen dos mozos, trayendo una silla de manos, y en ella a García, oculto.)

Marqués	Si viene en ella, cuidado tiene

	mi fortuna de mi amor.
Leonor (Aparte.)	(¡La silla! ¡Ay triste! Mencía, ¡Qué gran mal! Perdida quedo.)
Mencía (Aparte.)	(Yo lo estorbaré, si puedo.)

(Llégase Mencía a la silla, y mírala.)

	La silla viene vacía. ¿Y señora?
Mozo	Quedó en misa En San Sebastián.
Marqués	¿Qué aguardo? Lleguen el coche, Ricardo, y a San Sebastián aprisa.

(Vanse el Marqués, Ricardo y los mozos.)

Mencía	Qué bien se ha hecho!
Leonor	Los cielos guardaron mi honor, Mencía.
Mencía	Entre agora don García, y haga su papel de celos.

(Sale don García de la silla.)

García	Decidme, Leonor hermosa, ¿A que tan aprisa van Los dos a San Sebastián?

Leonor   A pedirme por esposa
                     va el Marqués a doña Clara.

García   ¿Qué decís?

Leonor   Que fuera justo
que un sobresalto y disgusto
tan grande se me excusara,
    Pues envié a suplicaros
con Redondo que un momento
os detuviérades.

García   Siento
en el alma el disgustaros;
    pero viendo, dueño hermoso,
que se tardaba el Marqués,
no pude más. Yerro es
de enamorado y celoso.
    Mas pues solo ha sucedido
el peligro y no el fracaso,
de lo importante del caso
tratemos, dueño querido.
    El plazo veis limitado,
y veis la ocasión forzosa.
Cumplidme, Leonor hermosa,
la palabra que habéis dado.
    Dadme la mano, y entrad
en esa silla, señora.
¿Agora dudáis? ¿Agora
os detenéis?

Leonor   Perdonad;
    que ya perdió de alcanzarme

	la ocasión vuestro cuidado.
García	¿Cómo, cruel, te has mudado tan presto?
Leonor	Por mejorarme.
Mencía (Aparte.)	(Diole con su misma flor.)
García	¿No bastará desdeñarme, ingrata, sino agraviarme, haciendo al Marqués mejor?
Leonor	¿Negaréis la mejoría, aunque en sangre sois igual, de poco a mucho caudal, de merced a señoría?
García	No la niego; ¿mas qué efeto a tu promesa le has dado, tirana, si la has mudado en mejorando el sujeto? ¿Qué palabra me guardabas, o qué firmeza tenías, si a mí solo me querías mientras no te mejorabas? Firme es sola quien desprecia la ocasión de mejoría.
Leonor	Yo os confieso, don García, que ésa es firme; pero es necia.
Mencía (Aparte.)	La misma flor.

García	Mi esperanza

García   Mi esperanza
vive y muere en tu belleza.
Galardona mi fineza,
no castigues mi mudanza,
no engañes la confianza
que en ese cielo tenía.

Leonor   No imaginéis, don García,
que cuando estas cosas digo,
vuestras mudanzas castigo;
antes disculpo la mía.
   Dos años fuistes amante
de doña Clara, y por mí
dos años de amor os vi
olvidar en un instante.
Según esto, no os espante
si hoy por el Marqués olvido
vuestro amor, de ayer nacido;
pues debéis considerar
cuán fácil es de apagar
centella que no ha prendido.
   Demás que yo, don García,
tengo causas más urgentes;
que en vos miro inconvenientes,
si en el Marqués mejoría.
Amante sois de mi tía,
mal hice en daros favor.
y mudarme no es error,
antes digno de alabanza;
que es mérito la mudanza
cuando es delito el amor.

García   ¿Que tal escucho?

Leonor	Ésta es
	mi resolución. Con esto
	idos con Dios. Idos presto.
	Mirad que vendrá el Marqués.
García	¡Plega a Dios que no le des
	la mano hermosa que a mí
	me quitas, y antes que aquí
	venga a cumplir tu esperanza,
	llores en él la mudanza
	que lloro, enemiga, en ti!
	¡Plega a Dios que antes de verte
	con el dichoso que esperas,
	mudes intención, y quieras
	en mi favor resolverte!
	¿Por qué gustas de mi muerte?
	¿Por qué das muerte a tu gusto?
	Mira, mi bien, que no es justo,
	si me tienes afición,
	a precio de la ambición
	comprar eterno disgusto.
	Tu mismo mal te lastime,
	que un esposo te dispone
	desigual, que te baldone,
	y no un igual que te estime.
	La ciega ambición te oprime,
	con un título engañada.
	¿Y no adviertes que casada
	con quien tu amor no quería,
	te llamará señoría,
	pero serás desdichada?
	Doy que él de ti sea querido;
	luego hará como señor.
	Título tendrás, Leonor;

pero no tendrás marido.
Tendrá lecho dividido,
verále pocas auroras
tu casa, o tan a deshoras
vendrá a acostarse tu dueño,
que necesidad de sueño
te tiranice las horas.

(Sale Redondo.)

Redondo   ¿Aquí estás, señor? Repara
en que de San Sebastián
salieron, y llegarán
ya el Marqués y doña Clara.

Leonor   Vete por dios.

García   Prenda cara,
aún hay plazo en que me des
la vida.

Leonor   ¿Un mundo no ves
de inconvenientes?

García   Señora,
véncelos por quien te adora.

Leonor   También me adora el Marqués.

García   ¡Ah cruel!

Leonor   Vete, por Dios.
Noble eres, ten cortesía.
No lo perdamos, García,

todo de una vez los dos.

Redondo   Coche paró; ya han venido.
            Escondámonos, señor.

Leonor   ¡Ay de mí!

García   Pierda, Leonor,
            la vida quien te ha perdido.

Leonor   Hacerme un mal tan extraño
            ni es amor, ni es cortesía.

García   Lara soy, tirana. Fía
            que yo remedie tu daño.
                Tú mudaste voluntad;
            mas no yo naturaleza.

Leonor   Es prueba de tu nobleza.

(Salen doña Clara, el Marqués y don Félix.)

Marqués   ¿Es don García?

García   Escuchad.
                A San Sebastián partía
            a verme con doña Clara;
            topóme antes que llegara
            quien me dijo que salía
                ya de la iglesia con vos;
            que a dar estado dichoso
            a Leonor con tal esposo
            veníades juntos los dos.
                Dime priesa; que el primero

quise ser al parabién,
ya que para tanto bien
no he servido de tercero;
   y porque en un mismo día,
para fiesta más dichosa,
vos recibáis por esposa
a Leonor, y yo a su tía.

Marqués   La merced os agradezco,
ya doña Clara le doy
el parabién.

Clara   Cuanto soy
a vuestro servicio ofrezco.

Marqués   Dadle la mano, García,
pues yo a Leonor se la doy.

Clara   Da la mano.

(Danse las manos.)

Leonor   Vuestra soy.

García (Aparte.)   (Perdí la esperanza mía.
   ¿Qué remedio? Corazón,
a quien os ama estimad.)
Vuestro soy.

(Danse las manos.)

Clara   Mi voluntad
premia vuestra estimación.

Félix (Aparte.)   (Agora, tristes cuidados,
empezáis cuando acabáis.)
Por muchos años tengáis
gustos de recién casados.
    Y aquí, senado, el autor
fin a la comedia da,
porque si os cansa, estará
en darle fin lo mejor.

Fin de la comedia

Libros a la carta

A la carta es un servicio especializado para
empresas,
librerías,
bibliotecas,
editoriales
y centros de enseñanza;
y permite confeccionar libros que, por su formato y concepción, sirven a los propósitos más específicos de estas instituciones.

Las empresas nos encargan ediciones personalizadas para marketing editorial o para regalos institucionales. Y los interesados solicitan, a título personal, ediciones antiguas, o no disponibles en el mercado; y las acompañan con notas y comentarios críticos.

Las ediciones tienen como apoyo un libro de estilo con todo tipo de referencias sobre los criterios de tratamiento tipográfico aplicados a nuestros libros que puede ser consultado en Linkgua-ediciones.com.

Linkgua edita por encargo diferentes versiones de una misma obra con distintos tratamientos ortotipográficos (actualizaciones de carácter divulgativo de un clásico, o versiones estrictamente fieles a la edición original de referencia).

Este servicio de ediciones a la carta le permitirá, si usted se dedica a la enseñanza, tener una forma de hacer pública su interpretación de un texto y, sobre una versión digitalizada «base», usted podrá introducir interpretaciones del texto fuente. Es un tópico que los profesores denuncien en clase los desmanes de una edición, o vayan comentando errores de interpretación de un texto y esta es una solución útil a esa necesidad del mundo académico.

Asimismo publicamos de manera sistemática, en un mismo catálogo, tesis doctorales y actas de congresos académicos, que son distribuidas a través de nuestra Web.

El servicio de «libros a la carta» funciona de dos formas.

1. Tenemos un fondo de libros digitalizados que usted puede personalizar en tiradas de al menos cinco ejemplares. Estas personalizaciones pueden ser de todo tipo: añadir notas de clase para uso de un grupo de estudiantes, introducir logos corporativos para uso con fines de marketing empresarial, etc. etc.

2. Buscamos libros descatalogados de otras editoriales y los reeditamos en tiradas cortas a petición de un cliente.

www.ingramcontent.com/pod-product-compliance
Lightning Source LLC
LaVergne TN
LVHW041257080426
835510LV00009B/779